Mujeres Santas de Gran Perfección

Treinta signos y significados de la Naturaleza Ultima
en la Antigua Tradición Tibetana

Mujeres Santas de Gran Perfección

Treinta signos y significados de la Naturaleza Ultima
en la Antigua Tradición Tibetana

Desde el Blanco Cielo, Esencia Primordial de la Mente.
Clarificando los extremos.
Ciclo de Instrucciones Esenciales de los
Linajes Masculino y Femenino.

Comentario de
Geshe Dangsong Nangyal

Traducción al castellano
Teresa Prados Costoya y Julio Alberto Añez Ayala

Namkha Publicaciones
Libertad, California

ISBN: 979-8-9937738-0-3

Traducción al inglés de Geshe Namgyal y David Molk
Traducción al castellano Teresa Prados Costoya y Julio Alberto Añez Ayala
Dibujos Tradicionales creados por Norbu Lhundrub

Publicaciones Namkha
P.O. Box 65
Freedom CA 95019 USA
namkha2018@yahoo.com

https://www.kunsanggarcenter.org/namkha

Contenido

Dedicación

Este libro está dedicado a todos mis amables y
sabios maestros, con gran aprecio por su
incansable guía. Se ofrece para el beneficio y la
liberación de mis estudiantes y de todos los seres
sintientes. Que todas las energías negativas en el
mundo sean pacificadas

Prólogo

En las escrituras del más alto Tantra budista de la antigua tradición Bön, se revela la verdad última: que todos los seres tienen el mismo potencial para el pleno despertar y la acción compasiva, sin importar su orientación de género. Además, se aclara que los principios masculino y femenino están unificados en un estado plenamente despierto del ser. En la afirmación del Buda sobre la existencia de la naturaleza búdica en todos los seres, podemos encontrar lo que seguramente es el mensaje más profundo y puro de toda espiritualidad: la igualdad y la bondad esencial de todos los seres vivos.

Este mensaje de todos los seres santos ha sido distorsionado con el paso del tiempo y ocultado por la imperfección humana y el dominio patriarcal. Por ello, me alegra especialmente presentar esta nueva traducción y comentario de nuestra antigua tradición Bön de enseñanzas impartidas únicamente por mujeres iluminadas. Proceden de muchos países: India, China, Pakistán, Irán, Cachemira, Nepal, Tíbet, Zhangzhung. En el conciso texto raíz, cada una de las Dakinis ofrece una enseñanza en lenguaje místico de signos, seguida de una explicación verbal que revela desnuda la verdadera naturaleza de la mente. Es un breve texto raíz que forma parte del ciclo Yetri Thasel en las enseñanzas Dzogchen del Bön.

En mi vida de estudio y práctica, he encontrado personalmente que la práctica de estas enseñanzas es la más beneficiosa. También he comprobado que es una meditación sumamente útil para ofrecer a otros. Con oraciones y aspiraciones de que pueda traer beneficio temporal y último a un amplio público lector, te invito a disfrutar de esta nueva traducción del texto raíz y del comentario que he preparado con la asistencia en traducción y edición de David Molk.

—Geshe Dangsong Namgyal
California, July 2021

Mujeres Santas de Gran Perfección

Treinta signos y significados de la Naturaleza Ultima en la Antigua Tradición Tibetana

Desde el Blanco Cielo, Esencia Primordial de la Mente.
Clarificando los extremos.
Ciclo de Instrucciones Esenciales de los
Linajes Masculino y Femenino.

El texto raíz forma parte del gran Tantra general "Espacio Blanco: Liberación de los Extremos de la Mente". En ese texto, ahora nos enfocaremos en el Guru Yoga que forma parte del Linaje de las Dakinis del Dzogchen Puro. Este es un linaje bendecido, un linaje post-visionario. Una explicación extensa de este tema requeriría bastante estudio de los Sutras, Tantras y sistemas filosóficos de manera extremadamente profunda y completa. Para ofrecer una comprensión total de estas enseñanzas, una explicación dada en el monasterio entraría en gran detalle. Sin embargo, en esta enseñanza no profundizaremos en un estudio tan completo del tema.

Lo que aquí se te presenta es la esencia de la enseñanza, expuesta de un modo que puedas comprender y llevar a su realización. A medida que practiques, podrás entenderla cada vez más, como el sol que se eleva y gradualmente ilumina el mundo. Esto dependerá de tu convicción, tu fe y el grado de tu aspiración. No se está diciendo que la fe sea suficiente; se requiere también investigación y examinar la lógica que la sustenta. El estudio, la práctica y experiencia deben unirse.

El objetivo es alcanzar la visión pura de la realidad y ver cómo las cosas existen realmente. Pero la fe en el dharma y la fe en el valor de la Mente Natural son los factores esenciales y principales. Basándonos en la confianza y la convicción, podemos desarrollar una comprensión más profunda y vasta, y finalmente obtener la realización. Por eso el Guru Yoga es importante.

Guru yoga

Para este Guru Yoga, visualizaremos la imagen de Satrig Ersang, la Gran Madre, la Amorosa Diosa de la Sabiduría. Visualízala en el espacio frente a ti, del tamaño que te resulte cómodo. Las muchas Dakinis o mujeres iluminadas que pertenecen a este linaje son todas emanaciones de la Gran Madre. Visualiza su cuerpo, no como algo ordinario ni como un dibujo o pintura bidimensional, sino como un cuerpo de luz con la naturaleza de la compasión y la sabiduría trascendente. Comprende la inmensa importancia de la Gran Madre; ella es la base o fundamento de todos los Budas. Todos los Budas surgen y se manifiestan a partir de ella como cuerpos de emanación y cuerpos de completo gozo, nirmanakayas y sambhogakayas. Todas las emanaciones de los Budas provienen de ella.

Siéntate en tu postura habitual de meditación. Visualiza que, desde el corazón de la Gran Madre, Satrig Ersang, emana luz de colores arcoíris con la naturaleza del fuego. Esta luz llega hasta ti, te toca, te llena de luz y quema toda tu ignorancia, tus estados mentales afligidos y engañosos, así como todos los obstáculos u oscurecimientos que impiden comprender la verdadera naturaleza de la existencia. Este es un fuego de sabiduría que primero quema toda ignorancia y oscurecimientos.

En segundo lugar, visualiza que desde su corazón emana luz que entra en ti en forma de agua de sabiduría, limpiando todas las negatividades y oscurecimientos.

En tercer lugar, visualiza que desde su corazón emana luz con la naturaleza del viento de sabiduría que, al tocarte, disipa todos los pensamientos conceptuales, las ilusiones y el samsara.

Visualiza que, desde la coronilla de la Gran Madre, surge una sílaba blanca AH (ཨ), con la naturaleza de la sabiduría trascendente del Buda, que desciende y se disuelve en tu propia coronilla. Siente que, al entrar y disolverse esta AH en tu coronilla, recibes todos los atributos y cualidades físicas de un cuerpo iluminado. Luego, visualiza que, desde la garganta de la Gran Madre, emana una sílaba roja OM (ཨོཾ) que se disuelve en tu propia garganta, y que recibes así todas las cualidades del habla iluminada. Después, visualiza que, desde el corazón de la Gran Madre, emana una sílaba azul HunG (ཧཱུྃ) que se disuelve en tu propio corazón, y que a través de ello recibes todas las cualidades de la mente iluminada. Siente que todos los obstáculos y resistencias para comprender las enseñanzas se disipan, y que te has convertido en un receptáculo perfecto, un vaso perfecto para recibir estas instrucciones. Compréndelo y regocíjate en ello.

Esta meditación actúa como el empoderamiento o iniciación. Siente que ahora has recibido el poder para comprender lo que los tibetanos llaman neluk (gnas lugs), la verdadera naturaleza de la mente. Aquí lo expresamos como la Mente Natural. La bendición que recibimos en este empoderamiento es la capacidad de comprender y realizar la Mente Natural. Es también comparado al despertar. Donde ignorancia o desconocimiento es equivalente a estar dormido, y este despertar a la iluminación del entendimiento. Es una cuestión de determinación decisiva, libre de esperanza y de miedo. En este estado, ya hemos caído desde la cima de la montaña; no hay nada más que buscar o esperar. Es dulce, como la melaza o el azúcar moreno, en el sentido de que comprendes que todos los fenómenos tienen un solo sabor en la Mente Natural. Ves todos los fenómenos —todas las formas, sonidos y demás, de cualquier tamaño o color— como olas del océano. Pueden ser grandes o pequeñas, pero todas son de la misma naturaleza que el océano.

En este estado todos los fenómenos se ven similares a ver el cielo o el espacio. Tenemos toda clase de experiencias agradables o desagradables, pero con esta realización, ellas no pueden afectarnos. Son como el espacio, como la claridad. Cuando estas experiencias surgen, son el resultado de que ha surgido el Guru Yoga dentro de nosotros y la iniciación. Esta clase de experiencia surge con la practica del guru yoga, que debe practicarse cada día. Ello debe beneficiar y clarificar diariamente todos los problemas y dificultades que vayamos encontrando. Pero aún mas beneficios pueden manifestarse en el futuro y en el tiempo de la muerte y mas allá de ella.

Ahora podemos recibir el empoderamiento de la Gran Madre, Sartrig Ersang, la base de emanación de todos los Budas. También podemos reconocerla como el Buda principal, el Buda supremo de todos. Comparada con el cristianismo y otras religiones, ella sería Dios. En muchas religiones, Dios tiende a ser visto con un aspecto masculino, pero en esta antigua tradición se la veía como madre. Esa era nuestra actitud en el antiguo Tíbet: esta deidad era una mujer. Yo lo considero natural. Es a ella a quien visualizamos como la fuente misma de las enseñanzas del Dzogchen y también de las perfecciones o paramitas. Ella es la Gran Madre Perfección de la Sabiduría, Prajnaparamita. También se la considera como el espacio, en el sentido de espacio que significa ausencia de ego o vacuidad. Se le rinde homenaje como la fuente de todas las cosas, en la que todas las cosas permanecen y en la que todas las cosas se disuelven.

Cuando te estableces en el equilibrio meditativo, es en esta visualización en la que te concentras. Del mismo modo, cuando surges como la deidad, te ves a ti mismo con este aspecto. La esfera única de la realidad, el único bindu, gota de realidad de la Mente Natural, es también ella, la Gran Madre. Cada uno de nosotros tiene a esta Gran Madre en su interior, intrínseca a nuestro ser. Siempre está ahí; nunca estamos separados de la Gran Madre. Ella no es solamente como se la representa en una pintura enrollada o thangka. Más bien, es la inseparabilidad de la vacuidad y la luminosidad, de la ausencia de ego y la claridad, que ilumina todo. Visualiza a la Gran Madre de esta manera, con este atuendo, colorida, con los ornamentos y demás, para practicar el Guru Yoga con ella.

Esta escritura es pronunciada por la Gran Madre. Nos llega a través de una sucesión o linaje de mujeres iluminadas. Estas Dakinis, o Khandro como decimos en tibetano, es decir, mujeres iluminadas, provienen de distintos lugares en toda Asia. El tema principal de esta escritura y su comentario es la esfera única de la Mente Natural. Si no tienes experiencia previa con ninguna enseñanza del Dzogchen, puede que sea algo difícil de abordar, pero familiarízate mediante un estudio y una práctica más profundos.

Estas enseñanzas están centradas en la realidad última, la ausencia de ego y la vacuidad especial. Al principio, puede resultar difícil integrar o comprender estas enseñanzas. La vacuidad que describimos aquí está en relación con tu mente. Se encuentra en el contexto de todo lo que experimentamos en nuestro entorno; la relación entre el sujeto y el objeto en nuestra percepción de formas, sonidos, olores, sabores y objetos tangibles. Necesitamos comprender nuestra mente y cómo sostener nuestra mente. Identificar y reconocer la mente es como atrapar a un ladrón en un sendero abandonado. Si sabes que un ladrón va a pasar por un camino en particular, podrías esperar allí para capturarlo. Identificar y reconocer la mente es así. Otra metáfora es que es como alguien que intenta atrapar a un animal. Cuando el animal está atento, no tendrás muchas posibilidades de atraparlo. Solo cuando está ligeramente distraído puedes capturarlo. De esta manera es como necesitamos vislumbrar, identificar o reconocer la Mente Natural.

No basta con hablar de ello, describirlo o explicarlo; más bien, debe ser identificado en tu propia experiencia. Una vez que lo identificas en tu experiencia —"eso es vacuidad, eso es claridad"— entonces realmente puedes pasar a discutirlo, a explicarlo, pero solo después de haber reconocido estas cosas en tu vivencia propia.

¿Cómo introducimos la Mente Natural? Decimos que es como un sueño. Cuando estás soñando, es como si todo estuviera ocurriendo realmente, pero en realidad no es así. No es real. De la misma manera, nuestras experiencias son construcciones mentales. Estas fabricaciones de la mente son vacías. Son como ilusiones. Así es como la identificamos. En tibetano la llamamos tongpa nyid (stong pa nyid), vacuidad, o en sánscrito, shunyata. Las fabricaciones mentales son también como nubes en el cielo, que se reúnen y forman, luego se disipan y desaparecen. Esta vacuidad no es una vacuidad ordinaria. Más bien, es algo que surge por sí mismo y se conoce a sí mismo, y es aquello de lo que todos los fenómenos surgen y en lo que se disuelven.

Con este entendimiento, realizarás a la Gran Madre. Esto es también lo que llamamos Bodhichitta en sánscrito, o la mente iluminada. El término tibetano es jangchub sem (byang chub sems). Cada una de estas sílabas tiene su propio significado.

La primera sílaba, jang, a menudo se traduce como iluminación, pero literalmente significa puro y expandido. Se refiere a aquello que es primordialmente puro, que nunca ha sido mancillado ni contaminado. Es lo mismo para todos los seres vivos, humanos, animales, Budas— desde el principio; la Mente Natural nunca está contaminada.

La segunda sílaba, chub, significa dotado de todas las cualidades del Buda que están presentes de manera espontánea. No existe forma de alcanzar o lograr la budeidad o el despertar que no esté ya incluida en ella. Todas las sesenta perfecciones están incluidas. Toda la compasión está presente en ella, como el sol, como el espacio, como el suelo, como la tierra, como el río que fluye continuamente, sin cesar, sin interrupción. Es una compasión imparcial hacia todos, como el sol que brilla sobre todo. Es como la tierra, en el sentido de que, por mucho que la uses, nunca se agota. Es como el espacio, en cuanto a que es algo que no podemos comprender con el pensamiento conceptual ordinario. Todas estas cualidades están presentes de manera espontánea en la Mente Natural. Ese es el significado de la segunda sílaba, chub.

La tercera sílaba, sem, que representa mente, significa que las dos cualidades de "pureza primordial" y "presencia espontánea" son inseparables. Cuando decimos mente en este contexto, no estamos hablando de la mente ordinaria.

Aquí, el significado completo de la bendición, el empoderamiento o la iniciación que recibimos es la comprensión de esto y la capacidad de practicarlo. Todo el contenido de la escritura se refiere a esto. Todo trata sobre la ausencia de ego. Todo trata sobre la Mente Natural. No pienses que hay algún otro tema aparte de aquel que se está señalando ahora.

En otros contextos, habría mucho que decir acerca de la mente en términos de mentes principales, factores mentales, mente ordinaria y mente trascendente. Ninguna de esas discusiones es relevante aquí. Todo esto trata sobre la Mente Natural, la inseparabilidad de la pureza primordial y la presencia espontánea de todas las cualidades. Todo se centra en reconocer la Mente Natural y el método para practicarla, lo cual conduce a la iluminación. Practicar significa aprender, escuchar y dialogar; todo esto forma parte de la práctica, pero es de particular importancia que tengamos experiencia interna.

ས་ཏྲིག་འེར་སངས་ཀྱི་གསོལ་འདེབས།

Súplica a Satrig Ersang

༉།། །།དབྱིངས་ཀྱི་ཡུམ་ཆེན་མོ་ས་ཏྲིག་འེར་སངས་ནི།

Gran Madre de la Esfera, Satrig Ersang,

སྐུ་མདོག་གསེར་གྱི་སྙིང་པོ་འདྲ།།

de color como la esencia del oro,

རྒྱན་དང་ཆ་ལུགས་གཞལ་ཡས་ཁང་།།

sus ornamentos, vestiduras y palacio de mandala

གསེར་ལ་གསེར་གྱི་འོད་ཀྱིས་རབ་ཏུ་མཛེས་པར་བརྒྱན།།

son dorados y adornados con luz dorada.

ཕྱག་མཚན་གཡས་ན་གསེར་གྱི་ཡི་གེ་དཔའ་བོ་འབྲུ་ལྔ་བསྣམས།།

En su mano derecha sostiene las cinco valientes letras
doradas.

ཕྱག་མཚན་གཡོན་ན་སྣང་གསལ་གསེར་གྱི་མེ་ལོང་བསྣམས།།

En su mano izquierda sostiene un espejo dorado
resplandeciente.

རིན་པོ་ཆེ་ལྟར་བཀྲ་བ་ཡི། །རྒྱལ་ཆེན་སེང་གེ་གཉིས་ཀྱི་ཁྲི་ལ་བཞུགས།།

Bella como una joya, se sienta sobre un trono sostenido
por dos poderosos leones.

བྱིན་གྱིས་རླབས་ཀྱིས་འགྲོ་བའི་དོན་མཛད་པའི།

Por sus bendiciones provee bienestar a los seres vivos.

ས་ཏྲིག་འེར་སངས་སྐུ་ལ་ཕྱག་འཚལ་ལོ།

¡Postración ante el Cuerpo de Satrig Ersang!

Satrig Ersang, La Gran Madre

Homenaje a la Principal Dakini
de los cinco conjuntos de Dakinis!

La Gran Madre Satrig Ersang emanó a una hermosa samaya-dákini, Dzema Yiwongma, quien enseñó estas benditas instrucciones del linaje femenino a las diosas (walmo) y a las dákinis. Todas las del linaje femenino quedaron satisfechas y libres de dudas. La samaya-dákini Dzema Yiwongma extrajo las instrucciones escritas del espacio, en tinta de lapislázuli sobre láminas de cobre, las bendijo y se las entregó. La dákini india Ulishag las tradujo al sánscrito. El significado se presenta en dos aspectos: demostración directa de los signos no verbales; y explicación verbal de todos los significados como incluidos dentro de la Mente Natural.

Como hemos estado discutiendo, La Gran Madre Satrig Ersang es la base de todos los seres despiertos, es la base de todas las Diosas iluminadas. Ella, la Gran Madre, emanó como Dakini Damstig Khandro, y para dar las instrucciones a las dakinis, tomó del espacio una hoja de cobre con escritura en tinta azul lapislázuli. Basándose en ella, dio estas instrucciones. Se las dio a una dakini India (Kandro) llamada Ulishak, que las tradujo al sánscrito. Es a partir de esto que tenemos la práctica.

1. Dakini Dzema Yiwongma

No.1 Dakini Dzema Yiwongma

Samaya-Dakini Dzema Yiwongma mostró a la Dakini India Ulishak

Signo número 1: Una cuerda de luz en el espacio.

Significado 1: Este bodhicitta-dharmakaya primordialmente existente carece de los cinco agregados; está más allá del florecimiento y el declive, del nacimiento y la muerte, de la unión y la separación; no puede ser matado ni destruido. Toda la existencia está incluida dentro de la Mente Natural, que primordialmente permanece en el dharmakaya. Desde el linaje de transmisión mental de los vidhyadhara, fue entonces transmitido a las deidades mundanas.
Así habló ella.

La Primera Dákini, la Samaya-Dákini, dio estas enseñanzas a la Dákini India Ulishak, primero revelando un signo y luego explicando su significado. A veces, los signos usados en las transmisiones del Linaje no eran hablados, sino comunicaciones no verbales. En cada caso había algún tipo de signo que se revelaba, y luego se explicaba su significado. El primer signo que la Dákini mostró fue "una cuerda de luz en el espacio". ¿Cuál es el significado de esto? Su significado es el Dharmakaya, en este contexto denominado Bonku (bon sku). Es el Bodhichitta, la Mente Natural a la que nos referimos antes. El texto dice que este Bonku primordial o Bodhichitta está libre de los cinco agregados. No conoce ni juventud ni vejez, ni aumento ni disminución; está más allá del nacimiento y la muerte, y así sucesivamente. De entre los tres cuerpos —Dharmakaya,

Sambhogakaya y Nirmanakaya— este es el Dharmakaya o Bonku. No mejora ni empeora. Esto se debe a que no está atado por los cinco agregados samsáricos de forma, sensación, percepción, concepto y conciencia. Por lo tanto, no tiene aumento ni disminución. No mejora ni degenera. A diferencia de las personas comunes, los animales y las cosas impermanentes, que nacen, producen y crecen, y finalmente degeneran y desaparecen, el Bonku (Dharmakaya) es no nacido e incesante. Nunca hubo un momento en que comenzara, ni existe un momento en que se desintegre o desaparezca. El texto continúa diciendo que, dado que está más allá del nacimiento y la muerte, está más allá de la amalgamación y la desintegración, ya que nunca ha sido algo que pueda ser destruido. Todas las apariencias y todo lo que existe están dentro de la mente y permanecen en la dimensión del Bonku primordial. Es la fuente de todas las apariencias y de toda la existencia. Como se dice: "Homenaje a la Gran Madre de la que surgen todos los fenómenos, en la que todos los fenómenos permanecen y en la que todos los fenómenos se disuelven".

El Bonku es aquello de lo que surgen todos los fenómenos, en lo que permanecen y en lo que se disuelven nuevamente. Las apariencias están siempre dentro de él; siempre permanecen en él. Nunca están separadas de él ni salen jamás fuera del Bonku. Surgen de él, permanecen en él y se disuelven nuevamente en él.

2. Dakini Ulishak

No.2 Dakini Ulishak

Este Bonku, este Dharmakaya, esta Mente Natural de la que estamos hablando, no mejora ni se perfecciona. Permanece tal como siempre ha sido. Es la misma esencia que siempre ha sido. No aumenta ni disminuye. No cambia. El símbolo del Yung Drung (esvástica) significa que es inmutable, sin cambio en el pasado, presente y futuro. El puro estandarte de la victoria está primordialmente libre de los extremos del samsara o del nirvana. El simbolismo del estandarte de la victoria es que es algo que nunca se pone, nunca desaparece. Nunca deja de existir. Es incesante y también tiene el sentido de ser victorioso. Es la base misma tanto del samsara como del nirvana, y nunca es destruido. Recuerda ahora que todas estas son características y cualidades de la Mente Natural de la que estamos hablando. La misma esfera única es la naturaleza de la realidad, la Mente Natural, el Bodhichitta y el Dharmakaya. Todas estas descripciones se refieren a este único tema, en el que todo esto está enfocado.

No.3 Dakini Namkha Ökyi Gyelmo

No.3 Dakini Namkha Ökyi Gyelmo

La Diosa Dakini Namkha Ökyi Gyelmo reveló a la Dakini Salwa Yingchug Ma de Razhag:

Signo número 3: Su cuerpo erguido en el espacio.

Significado 3: La característica definitoria de la Mente Natural es ser primordialmente iluminada. Ese Yung-Drung–Bodhicitta está más allá del pensamiento, de las causas y condiciones. Dejando el cuerpo y la mente sin alterar, surge en el único Dharmakaya, libre de los extremos de la apariencia y de la Vacuidad; el cuerpo primordialmente auto-surgido.

Así habló.

Cuando la Tercera Dakini, también conocida como Walmoza, transmitió instrucciones a la Dakini Razhagza Salwa Yingchyugma, el signo que le transmitió significa que la naturaleza de la mente ha estado iluminada desde siempre. Es primordialmente libre de causas y condiciones.

Las causas y condiciones indican algún tipo de proceso o esfuerzo que se está aplicando. Para que haya un resultado dependiente de una causa, debe producirse algún tipo de transformación o cambio. Por ejemplo, una flor tiene su causa en la semilla que se planta. Hay dos tipos de causas: las causas primarias, que entran en la sustancia misma del efecto, como la semilla que se convierte en flor; y las causas secundarias, que son las condiciones que contribuyen, como el agua, la tierra, el fertilizante, el sol, etc. Estos son los dos tipos de causas que intervienen en la producción de la flor. Las mentes ordinarias tienen condiciones causales, como ver un objeto, lo que da lugar a sensaciones agradables o desagradables, y luego a etiquetar el objeto como bueno o malo, y así sucesivamente. Las mentes ordinarias tienen diferentes tipos de condiciones causales que intervienen en su producción.

Algunos maestros de Dzogchen explican la Mente Natural de manera similar, como si implicara causas y condiciones, pero en este caso no es así en absoluto. Está libre del pensamiento conceptual. Ya está más allá del pensamiento, más allá de los conceptos. Tenemos pensamientos, así como tenemos un cuerpo. La Mente Natural no se ve afectada por tu cuerpo ni por los pensamientos conceptuales. Es el Yung Drung (esvástica) Bodhichitta. Yung Drung significa que es inmutable, sin cambio, y al hablar de la Mente Natural, está aislada del cuerpo y de la mente. Ni el cuerpo ni la mente ordinaria pueden afectarla. Lo que estamos diciendo aquí es que estos diferentes tipos de apariencias no la dañan. Surgen de ella, permanecen en ella y se disuelven de nuevo en ella.

La Mente Natural no es dañada ni afectada por la mente ordinaria. A veces este es un punto que se discute y debate con lógica. Básicamente, estamos diciendo que la Mente Natural está más allá del cuerpo, el habla y la mente ordinarios. Sin embargo, el cuerpo, el habla y la mente ordinarios no están más allá de la Mente Natural: están contenidos dentro de ella. Esa es la gran diferencia. Esta es la dimensión de la naturaleza de la mente en la que los objetos de meditación se liberan en el Estado Natural.

Se dice que las apariencias y la vacuidad son inseparables. No es solo vacía. No es solo claridad. Cuando decimos claridad, pensamos en la mente de luz clara, la pura Mente Natural. Ninguna de estas dos está separada; son ambas e inseparables.

Es a la vez vacuidad y luz clara. Se dice que es el cuerpo auto-surgido. No es algo que haya sido creado por un productor. No es algo que se haya alcanzado mediante la acumulación de mérito y sabiduría y desarrollado sobre esa base. Siempre ha sido auto-surgida.

4. Dakini Salwa Yingchug Ma

No.4 Dakini Salwa Yingchug Ma

La Dakini Salwa Yingchug Ma de Razhag reveló a la Dakini Ökyi Lama de Zhangzhung

Signo número 4: tirando de la nuca con los dedos de su mano derecha.

Significado 4: Primordialmente libre de oscurecimientos, la Mente Natural es vacía y clara. Al mirar la mente a la mente, los objetos que aparecen se agotan. Luego, se permanece en un estado más allá de los objetos observados, sin nada que ver. Este es el espacio vacío de la mente; los objetos de meditación se liberan dentro de la Conciencia prístina.

Así habló.

La Mente Natural nunca ha sido oscurecida por huellas ni apariencias, pero posee dos características: ser vacía e iluminadora. Si surge ira en nuestra mente y miramos directamente su propia entidad, entonces desaparece. ¿Qué encuentras cuando miras y te concentras en algo especial? Nada. Algunos textos dicen que es como el espacio: una vacuidad vacía. Cuando te enfocas en esa vacuidad vacía, estás encontrando la Mente Natural. Sea lo que sea que haya causado tu ira, el objeto de tu molestia, no necesitas mantenerlo en la mente. No necesitas enfocarte en él. El objeto de meditación se libera en la pura conciencia; se libera de manera natural, automáticamente. Así es como meditamos. Así es como los problemas cotidianos pueden evaporarse, disiparse. Si hablamos de reconocer la Mente Natural, así es como se hace. Este es el procedimiento básico que seguiremos para meditar en la Mente

Natural. Es justamente este tipo de proceso. Cuando surge un objeto en la mente, un objeto de ira, mira directamente la entidad de la ira, no encuentres nada que sostener, nada a que aferrarte, nada más que espacio vacío, y luego permanece en el equilibrio meditativo y enfócate en eso. Así es como meditamos en la Mente Natural.

5. Dakini Ökyi Lama

No.5 Dakini Ökyi Lama

La Dakini Ökyi Lama de Zhangzhung mostró a la Dama de la familia Dong, la Dakini Kharmokyong:

Signo número 5: la detención automática del pensamiento.

Significado 5: El espacio es un ejemplo de la Mente Natural. El significado que ejemplifica es estar primordialmente despierto. Vacuidad y claridad, incondicionadas, la Conciencia Pura lo impregna todo desde el centro hasta los bordes. El Dharmakaya es vacío, más allá de los objetos inherentemente existentes. Permanece, integrándote con la Conciencia Pura, sobre la base de cualquier cosa que aparezca.

Así habló.

La cuarta y la quinta transmisión son, en realidad, bastante similares. El ejemplo es el cielo. El significado es que la Mente Natural está primordialmente iluminada. En general, la Mente Natural está más allá de los símbolos y más allá de las señales. Pero hablar de signos y símbolos puede indicar una especie de aproximación a ella y darnos un tipo de sendero por el cual podemos alcanzarla. Por eso tenemos este ejemplo del espacio, el cielo. El significado es que está primordialmente iluminada. Creamos mucho karma, pero, como se explicó antes, esto no puede dañar ni afectar a la Mente Natural. Si tenemos la experiencia de la Mente Natural, entonces es muy fácil liberarse del karma. En lugar de aplicar diferentes tipos de antídotos y métodos para purificar el karma y liberarse de la causa y efecto del karma, enfocarse en la Mente Natural y experimentarla en la meditación es un medio mucho más rápido para lograrlo. Uno puede buscar la purificación y la acumulación de energía positiva mediante la recitación de mantras, la meditación en deidades y la realización de ofrendas, pero la meditación Dzogchen enfocada en la Mente Natural es un medio mucho más poderoso para lograrlo. Esto se debe a que todas las apariencias surgen de la Mente Natural, permanecen en ella y se disuelven de nuevo en ella. Lo mismo ocurre con el karma. Por lo tanto, es más fácil liberar el karma en la Mente Natural. Por eso decimos que en la Mente Natural estamos primordialmente iluminados.

La Mente Natural impregna todos los fenómenos. A diferencia de la inteligencia ordinaria, esta no-dualidad de vacuidad y logro espontáneo se denomina en tibetano Rigpi Yeshe, la sabiduría atemporal de la conciencia pura. La Mente Natural está más allá de todos los fenómenos convencionales que aparecen a los seres vivos —como las formas para los ojos, los sonidos para los oídos, los olores para la nariz, los sabores para la lengua, las sensaciones para el cuerpo. ¿Podemos permanecer en esta Mente Natural que está más allá de todos los objetos a los que convencionalmente nos apegamos? Sí, podemos. Podemos asentarnos y relajarnos en ella porque nunca hemos estado realmente separados de ella. En general, nuestra afirmación es que no tiene principio. Siempre hemos sido inseparables de ella y esto continuará también en el futuro. Por eso podemos permanecer en ella. Por eso podemos comprenderla y realizarla. Por eso podemos, sin duda, disipar y despejar en ella las aflicciones o problemas mentales.

Una línea nos da las instrucciones de meditación: "No importa qué apariencias surjan, permanece e intégralas en la Conciencia Intrínseca." Esto no significa que tengamos que detenerlas o impedir que surjan. No hacemos eso, sea cual sea la apariencia que surja. Externamente, puede ser un día soleado y brillante o estar lloviendo a cántaros; o, en el caso de nuestro estado mental, podemos estar felices o tristes; no importa. Mirando directamente, llegaremos al Estado Natural, como las nubes que se disipan para revelar el cielo. Aquí hay una gran diferencia en este método: si detenemos las apariencias de forma consciente o intencional, no llegamos al Estado Natural. Cuando se dice que, sin importar qué apariencias surjan, permanezcamos e integremos en la Conciencia Intrínseca, eso es muy diferente de decir que, sin importar qué apariencias surjan, las detengamos y luego permanezcamos. No, cuando surgen apariencias, nos asentamos en la Mente Natural.

Existen diferentes formas de meditar. Por ejemplo, en el Camino Medio (Madhyamaka), se medita en la vacuidad cesando o deteniendo la apariencia convencional. Ahí hay una gran diferencia. Aquí no se detienen las apariencias; simplemente se permanece en el Estado Natural. Debemos meditar así.

6. Dakini Kharmokyong

No.6 Dakini Kharmokyong

La Dama Dong, Dakini Kharmokyong, mostró a la Dakini Mang-je Salgye-ö de Persia:

Signo número 6: luz en el espacio.

Significado 6: Cuando examinamos la Mente Natural, todo lo que aparece es primordialmente puro. Puesto que las apariencias naturales se liberan, esto es el dharmakaya no dual. Toda la existencia está liberada, no rechazada; esto es el despertar supremo. Todo lo que ocurre en las apariencias es manifestación de la Conciencia Pura.

Así habló.

Cuando analizamos la Mente Natural en términos de su función, en términos de lo que surge de ella, comprendemos que todo lo que aparece es primordialmente puro. Lo que encontramos es algo vacío. Así como el hielo puede parecer diferente del agua, cuando se derrite no es distinto del agua. Cuando surgen apariencias en tu mente y las examinas, se disuelven de nuevo en el Estado Natural. Ves que no eran otra cosa que el Estado Natural de la mente de conciencia pura. Al examinarlas, se liberan y se disuelven en la Mente Natural.

Pueden surgir en nuestra mente todo tipo de pensamientos, sentimientos agradables o dolorosos, pero cuando los observamos, no tienen a dónde ir. Se disuelven directamente en el Estado Natural, no dual con él. Es como verter agua en agua, o como el viento que sopla a través del cielo: miras esos pensamientos y desaparecen. Los perdemos en el espacio de la Mente Natural. En el caso de sentimientos desagradables o de la ira que surge en nuestra mente, surgen de la Mente Natural. No tienen otra base, otro fundamento, que la propia Mente Natural. Naturalmente, no hay otro lugar al que puedan ir. Cuando el agua con sedimento se agita, se ve turbia. Si se deja reposar y permanecer quieta, el sedimento cae al fondo y el agua se muestra clara. Cuando la mente se deja sin perturbar y esos conceptos semejantes al sedimento se dejan asentar, entonces puede alcanzarse la liberación última. Cuando esto sucede, no es que los pensamientos y conceptos sean expulsados o eliminados al alcanzar la liberación, sino que, al conocer su naturaleza, se liberan y la liberación se alcanza.

La última línea del significado de este signo es muy poderosa. Dongcham Kharmokyong dijo a Tazigza Manggye Salgyema: "Todo lo que ocurre en las apariencias es manifestación de la Conciencia Pura." Esta es la naturaleza de todas las apariencias en la mente: son la manifestación o energía de la conciencia pura. No hay necesidad de deshacerse de ellas. No hay necesidad de hacer nada con ellas. Son manifestación de la propia sabiduría trascendente pura. No importa qué sentimiento doloroso tengas o lo que pienses —si piensas "Oh, soy estúpido" o si surge cualquier tipo de engaño en la mente—, no necesitas preocuparte, porque no es más que una manifestación de la sabiduría (o potencial) de tu propia conciencia pura. Si intentas usar algún otro método para deshacerte de esta preocupación, de este sentimiento o pensamiento doloroso, solo empeorará. Si se necesita otro pensamiento como antídoto, entonces ese proceso será interminable: habrá otra razón, otro trasfondo, y ese pensamiento, a su vez, necesitará otro apoyo, y así sucesivamente… se vuelve sin fin. Es como golpear una bola de billar con otra, esperando embocar la primera: no va a funcionar; golpeará otra bola, y esta rebotará y golpeará otra más, y así se producirá una reacción en cadena. El tipo de liberación del que hablamos es una liberación natural: cualquier sentimiento o pensamiento que surja se libera de manera natural. Como una serpiente enroscada en un nudo: si alguien intenta desatarlo, es algo difícil; pero la serpiente puede desenrollar fácilmente sus propios nudos. Así es como sucede esta liberación. Si comprendes la Mente Natural, esta luminosidad vacía se vuelve como una casa vacía para un ladrón: el ladrón entra, ve que no hay nada que robar y ya no vuelve.

Tenemos las seis conciencias: las cinco conciencias sensoriales junto con la conciencia mental, y todas tienen una función. La conciencia visual percibe objetos. La conciencia auditiva oye sonidos. La conciencia olfativa huele. La conciencia gustativa saborea. La conciencia táctil siente. La conciencia mental piensa y es consciente de las cosas. Una vez que comprendemos el Estado Natural, estas conciencias continúan funcionando, pero sin aferrarse a la realidad de lo que perciben. Cuando eso sucede, ya no se crean predisposiciones kármicas. Como dice la última línea de esta instrucción, cualquier apariencia que surja en la mente se establece como el Estado Natural de la mente, la propia Mente Natural, la energía misma de la Mente Natural manifestándose. Entonces el karma ya no se crea y se alcanza la gran liberación.

Al tener la certeza de que cualquier cosa que aparezca en tu mente, cualquier actividad en la que se involucren tu cuerpo, habla y mente, son manifestaciones o energía de tu propia Mente Natural, todo se convierte en práctica. Todo se convierte en parte de la práctica o en un apoyo para la práctica. Cantar o realizar actividades físicas: todas ellas se reconocen como manifestaciones de la Mente Natural. Pensar se convierte en una actividad en la que no hay aferramiento.

Esto es algo muy importante de comprender, es una forma de transformar todas nuestras actividades en práctica. No disponemos de tanto tiempo para la práctica formal. Tenemos que pasar mucho tiempo trabajando, hablando y haciendo distintas cosas. Mantener la conciencia de que todo esto es la energía de mi propia mente iluminada, que todo es la Mente Natural manifestándose, es una práctica útil para nosotros, porque entonces todas nuestras actividades diarias pueden transformarse en práctica.

En primer lugar, es importante tener una comprensión intelectual de esto. En segundo lugar, necesitamos tener la convicción de que así es, creer que esto es verdad. Esta convicción o creencia no debe derivarse simplemente de leer el texto y decir "Ah, así es", sino a través de nuestra propia práctica y experiencia. Comprender esto desarrolla una convicción profunda en nosotros. Esto va más allá de tener convicción en este Guru Yoga en particular o en cualquier instrucción: es tener convicción en el propio Estado Natural, sabiendo que tu propia Mente Natural es la conciencia de sabiduría trascendente, y tener una profunda certeza en ello.

7. Dakini Mang-je Salgye-ö

No.7 Dakini Mang-je Salgye-ö

La Dakini Mang-je Salgye-ö de Persia mostró a la dákini de casta baja Dutsi-kyong de Uddiyana:

Signo número 7: sus brazos abrazando sus muslos.

Significado 7: En el espacio de la Mente Natural, primordialmente vacío y que todo lo impregna, surgen sus manifestaciones-mudra, mandalas, formas y colores. Nunca se mueven fuera de la naturaleza última de la mente. No apartarse de la verdadera naturaleza de la mente es el sello de la Mente Natural.

Así habló.

Principalmente, esto describe cómo las apariencias surgen dentro de la vacuidad, tales como los cuatro elementos y los seres sintientes, así como los seres iluminados, sus moradas y mandalas. ¿Dónde están? Están en la vacuidad. Esto es como decir: ¿dónde están la luna y todas las estrellas? Están en el espacio. Todos los fenómenos existen dentro de la naturaleza última, sin egocentrismo y en vacuidad. Podríamos pensar que esto es como el espacio vacío, pero no lo es. El espacio vacío es una vacuidad ordinaria porque no posee las cualidades de sabiduría e iluminación. El mero espacio vacío no tiene la capacidad de dar origen a las apariencias. Todas las múltiples variedades y aspectos de las deidades de meditación, como la Gran Madre Choza Bonmo, la Gran Madre Perfección de la Sabiduría, con todos sus colores y ornamentos, surgen dentro de la Mente Natural o la vacuidad. Es la Mente Natural la que tiene el poder de dar origen a todas las cualidades iluminadas, es decir, las cualidades realizadas y las actividades de cuerpo, palabra y mente. Todas ellas son manifestaciones de la conciencia de sabiduría trascendente de la Mente Natural.

De este modo, esta vacuidad de la que hablamos no es simplemente un vacío exactamente como el espacio; el espacio se usa solo como ejemplo. Está por encima de eso. Todas las cualidades realizadas están presentes de manera espontánea en ella. Cuando hablamos aquí de vacuidad, no hay que preocuparse pensando que hablamos de una vacuidad en la que no hay nada o algo por el estilo. Más bien, posee todas las cualidades despiertas presentes de manera espontánea, incluyendo, por ejemplo, las sesenta perfecciones. Hay un conjunto de seis perfecciones y otro de diez, y se pueden multiplicar hasta llegar a sesenta subdividiéndolas. Por ejemplo, con la perfección de la generosidad, existe la generosidad de la generosidad, la disciplina de la generosidad, la paciencia de la generosidad, el esfuerzo de la generosidad, la concentración de la generosidad y la sabiduría de la generosidad; sin mencionar, además, los métodos de la generosidad, las oraciones de la generosidad, el poder de la generosidad y la sabiduría trascendente de la generosidad. Todas las seis o las diez perfecciones pueden subdividirse de esta manera. Todas estas son permutaciones de las perfecciones, y los sesenta aspectos están presentes de manera espontánea dentro de la Mente Natural.

Cada una de estas instrucciones fue dada individualmente de una mujer a otra, de una Dakini a la siguiente. Pero todas ellas tratan de un mismo tema: las características específicas de la vacuidad plena de potencial, esta Mente Natural.

No.8 Dakini Dutsi-kyong

No.8 Dakini Dutsi-kyong

La Dakini Dutsi-kyong de Uddiyana mostró a la Dakini india Thuchen de Phamting:

Signo número 8: moviéndose hacia abajo y presionando con la mano.

Significado 8: Dado que la Mente Natural no es objetivable, el Dharmakaya está más allá del esfuerzo. No tiene color, ni forma, ni dimensiones. Puesto que primordialmente está más allá de la producción y la desintegración, no puede ser destruido por nada. Permanece en la amplitud del espacio sin objeto, vacía y que todo lo impregna.

Así habló.

Cuando hablamos de la Mente Natural o de la verdadera naturaleza, Bonku o Dharmakaya, todos estos términos se refieren a lo mismo. La naturaleza de la mente es carente de objeto. Está más allá de la dualidad, trasciende la dualidad. Está más allá de la aplicación de un esfuerzo convencional. Cuando permaneces en ella, es sin esfuerzo. Esto se enseña para que comprendamos que la meditación no es fabricada; no es una con esfuerzo. Es precisamente porque la Mente Natural está más allá de todo esfuerzo convencional que se le presta atención. La razón por la que necesitamos mirarla, meditar en ella, es para comprender que las apariencias que surgen se originan en ella. Una vez que hemos comprendido y realizado la Mente Natural, pone fin a nuestras pruebas y tribulaciones. Si surge una ira intensa en tu mente, cuando tienes una comprensión firme de que es la Mente Natural manifestando esa emoción o pensamiento, entonces puede liberarse muy rápidamente, disolverse al instante. Así como, si sufres un dolor agudo en el cuerpo, tomas medicina para aliviarlo y el dolor desaparece.

La naturaleza de la Mente Natural está libre de color, forma, tamaño y objetos. No es como un objeto convencional. Esto es porque no es forma; por lo tanto, no tiene color, forma, tamaño, etc. En cuanto al tamaño de esta Mente Natural, una afirmación en el texto de los Veintiún Clavos dice que tiene el tamaño de la primera articulación del pulgar. Pero en realidad, eso es un símbolo de algo que no se hace más pequeño ni más grande. Se describe como fijo en un tamaño particular, pero eso no significa que tenga un tamaño real. No se puede tomar todo lo que se lee en las escrituras de manera literal. Sharza Rinpoche dijo que la comprensión que se puede acumular leyendo montones de escrituras no es como la que se recibe directamente del maestro espiritual. Esto señala que no se puede tomar todas las escrituras literalmente y pensar que así se entienden. Eso es solo una distracción.

Hablando seriamente, hay dos tipos de significados expresados en las escrituras. Uno es provisional, un significado que tiene la intención de llevar más profundo. Luego hay otros significados que son últimos y definitivos; lo que se dice es lo que realmente se quiere decir. En una enseñanza provisional, se dice una cosa pero se entiende otra. Por ejemplo, ¿por qué diría el Buda algo si no fuera para tomarse literalmente? Hubo personas que se convirtieron en discípulos del Buda que antes eran no budistas. Él les dio algunas enseñanzas que correspondían a su filosofía no budista. No era el pensamiento, idea, comprensión o realización última del Buda sobre cómo son las cosas. Pero si no se sabe explicar esto bien, pueden cometerse errores en esta presentación. Es por esto que se desarrollaron muchos tipos diferentes cometarios de las diferentes tradiciones basadas en los grandes pioneros del Mahayana, los sistemas de Asanga y Nagarjuna. Los comentaristas indios y tibetanos sobre sus sistemas idearon muchas formas diferentes de explicar las enseñanzas debido a que existen tanto enseñanzas provisionales como definitivas.

Lo mismo ocurre con las escrituras del Dzogchen. Hay enseñanzas en las escrituras del Dzogchen que son provisionales y otras que son definitivas. Por ejemplo, en la mayoría de las escrituras del Dzogchen no hay una presentación de las dos verdades, la verdad convencional y la verdad última, o la naturaleza convencional y última de los fenómenos. Pero en algunas escrituras del Dzogchen sí las hay. La explicación de las dos naturalezas, convencional y última, corresponde a la presentación del Camino Medio Madhyamaka para personas que están familiarizadas con ello y que se adentran en la práctica de Dzogchen. Esta es una explicación adaptada a la capacidad de comprensión del estudiante y proporciona una instrucción gradual.

La Mente Natural es primordial, no nacida e indestructible. No puede ser liberada por ningún antídoto. Nada puede destruirla, ni jamás nació. Se trata de llegar al nivel más sutil de la mente. Hay niveles más burdos, niveles más sutiles y luego el nivel más sutil de la mente. Alcanzar el nivel más sutil de la mente es como recorrer los nueve vehículos. Se comienza con una cierta visión, luego progresa hacia una visión y filosofía más refinadas, hasta llegar al noveno, donde se alcanza la visión más sutil, el estado más sutil de la mente. Una vez que se alcanza, no hay nada por encima de ello, nada que pueda negarlo. No hay nada que pueda actuar como antídoto para ello. El esfuerzo que se aplica en estos vehículos sucesivos se vuelve cada vez menor. Se convierte en un tipo de esfuerzo cada vez más sutil, hasta que se vuelve sin esfuerzo.

En las prácticas fundamentales de las seis perfecciones, tanto la filosofía como la conducta requieren aplicar un gran esfuerzo. En el nivel de Dzogchen, tanto la visión o filosofía como la conducta han alcanzado su nivel más sutil. Se dice que la conducta es aquella en la que no hay adopción ni rechazo.

9. Dakini Thuchen

No.9 Dakini Thuchen

La Dakini india Thuchen de Phamting mostró a la Dakini china Selwa Ödrön

Signo número 9: transferencia de la conciencia a una Deidad airada.

Significado 9: Puesto que la existencia es el resplandor de la luminosidad pura que supera con creces a mil soles y lunas, permanecer en la luminosidad que todo lo impregna disipa la oscuridad de la ignorancia. Dado que está primordialmente iluminada, el samsara es completamente erradicado. Como sus cualidades anteriores y posteriores no son diferentes, los tres tiempos tienen una sola naturaleza.

Así habló.

Cómo sería mil soles o mil lunas es algo que podemos imaginar. La idea de un brillo extremo y de la Conciencia Intrínseca es aún más luminosa que eso. Reinos enteros de existencia y apariencias están surgiendo. Todo lo que existe y todo lo que aparece surge de la conciencia de sabiduría trascendente, la Mente Natural. Es la cualidad de la iluminación de luz clara.

Cuando hablamos de la luz del sol y de la luna, esa es una luz ordinaria. El tipo de luz del que hablamos aquí es la luz de la Mente Natural, la luz de toda apariencia. Por muy brillante que sea la luz del sol y de la luna, no puede disipar la oscuridad de la ignorancia dentro de nosotros. En cambio, esta luz clara de la Mente Natural puede despejar fácilmente la oscuridad de la ignorancia, por muy oscura o densa que sea. Es como si una cueva hubiera estado en la oscuridad durante cientos de miles de años, pero en el momento en que llevas una vela dentro, puedes verlo todo al instante. Nuestra meditación se vuelve así. No es solo para apaciguar o calmar nuestra mente, sino que tiene una cualidad de iluminación que llamamos luz clara. Por eso consideramos que nuestra meditación o visión (del camino) es como una luz clara que ilumina. Debido a que tiene la naturaleza de luz clara, puede purificar y disipar toda la oscuridad, la ignorancia, el engaño y las obstrucciones.

La luz clara lo impregna todo. No impregna algunas cosas o algunos fenómenos y otros no. Abarca tanto el samsara como el nirvana. Si no usamos esta terminología, podemos decir que impregna todo lo positivo y todo lo negativo. Abarca toda la felicidad y todo el sufrimiento. Permaneciendo en esta gran claridad que todo lo impregna, la oscuridad de la ignorancia se disipa. Realizar la Mente Natural invierte y revierte completamente el samsara. El samsara es solo una condición temporal, mientras que la budeidad es eterna; siempre ha sido Buda. En tibetano tenemos dos sílabas para la palabra Buda: sang gye. La primera sílaba, sang, significa purificado; significa que siempre ha estado libre de impurezas. La segunda sílaba, gye, significa expandido; significa que todas las cualidades positivas, toda la sabiduría trascendente, siempre han estado plenamente desarrolladas y presentes de manera espontánea. Cuando comprendemos nuestra condición primordial, que siempre hemos estado iluminados, entonces el samsara cesa. No puede dañarnos ni causarnos aflicción. Como no hay separación entre pasado y futuro, los tres tiempos son esencialmente uno en la Mente Natural. El samsara y sus impurezas de ignorancia, engaños y karma son como ropa maloliente que nos ponemos y que puede quitarse; mientras que la Mente Natural es siempre la misma, pasado, presente y futuro, pura e incontaminada.

Esta Mente Natural es la misma para nosotros y para todos los Budas. Muchos seres en el pasado han alcanzado la budeidad porque han identificado y reconocido la Mente Natural en sí mismos, la han practicado y manifestado. De lo contrario, el material con el que trabajaban no es diferente del que está en nosotros. Es por esto que a estos seres se les llama seres despiertos o Budas. Si emprendemos este tipo de enseñanza para comprender el Estado Natural y, una vez que lo reconocemos, lo identificamos y lo practicamos, también nos convertiremos en un ser plenamente iluminado. No es que la Mente Natural dentro de nosotros haya mejorado; es que nuestra práctica ha mejorado, se ha desarrollado. La Mente Natural en sí es primordialmente pura y lograda de manera espontánea, y ha estado intacta desde el principio. No mejora ni empeora. La iluminación no es algo en lo que debamos creer, algo lejano en la distancia o en el futuro. Es simplemente algo que debemos realizar como presente, solo oscurecido por nubes. A veces puede haber más nubes y otras veces menos. Se disipan fácilmente. Sin duda habrá un progreso en esa dirección cuando meditemos, practiquemos y desarrollemos experiencia. Podemos comprender cómo sucede esto a través de nuestra propia experiencia una vez que nos familiarizamos con la práctica. Este tipo de desarrollo de la práctica se da cuando hemos estado meditando durante algún tiempo. Hay un progreso. Meditar es acostumbrarse. En tibetano, la palabra gom significa familiarizarse, habituarse, acostumbrarse a algo. Sin duda desarrollaremos nuestra comprensión de esto, no solo en la práctica formal de meditación, sino también al llevarla a nuestra vida diaria. Es la comprensión de que las apariencias y las actividades son manifestaciones del Estado Natural del Dharmakaya. No es algo muy difícil. Una vez que tienes este reconocimiento del Estado Natural, entonces es solo cuestión de traerlo a la mente, recordarlo. Ya sea que estés caminando, preparando comida o lo que sea.

10. Dakini Selwa Ödrön

No.10 Dakini Selwa Ödrön

La Dakini china Selwa Ödrön mostró a la Dakini Drimé Dangden Ma de Yorpo:

Signo número 10: transferencia de la conciencia a la luz fundamental clara, la Mente Natural.

Significado 10: La Mente Natural es la naturaleza del gran néctar. Puesto que disfruta de todo, interior y exteriormente, todo lo que aparece es néctar. Dado que sella todo lo que aparece, la Mente Natural es el supremo de los néctares. Puesto que impregna el espacio inconmensurable, el Dharmakaya es néctar.

Así habló.

Lo que aquí se entiende por néctar, ambrosía o dutsi es algo muy poderoso. En tibetano, dutsi significa literalmente "el destructor de Mara" o del mal. Por ejemplo, es como algo que se pudiera dar a una persona moribunda y que le impediría morir. Tiene ese tipo de poder. Hay diferentes clases de Mara a las que se refiere la palabra du, o el Mara que es destruido. Uno de los significados de Mara es el Señor de la Muerte, refiriéndose a la muerte misma. La palabra tsi significa literalmente la savia o esencia de una medicina, pero no necesariamente tiene que indicar eso; puede significar cualquier cosa que tenga la función de destruir mara o la muerte. Existen muchos tipos de maras. Lo que aquí se dice es que, para alguien que reconoce o identifica el Estado Natural en sí mismo y lo practica, no hay nada que no esté incluido en ello: todo es como néctar. Todos los fenómenos se disfrutan como si fueran ambrosía. Sean fenómenos internos o externos, son néctar. El Estado Natural puede usarse para limpiar y purificar todos los tipos de sufrimientos y experiencias desagradables cotidianas que tenemos. También puede usarse para purificar el karma negativo. Asimismo, puede emplearse como el néctar que sana los miedos y peligros que surgen en el estado intermedio, en el momento posterior a la muerte, cuando nuestro cuerpo anterior ha sido abandonado y antes de que nos hayamos conectado con un nuevo cuerpo. Esto se llama bardo, en tibetano. En el bardo pueden surgir muchas experiencias aterradoras, y esta práctica es una medicina que sana y protege de esos peligros y temores.

También puede usarse para la realización última, la obtención de la iluminación completa. Esto se llama autoconciencia porque posee su propia conciencia que trasciende la mente y la actividad ordinarias como luz clara. Ya mencionamos antes que la luz clara impregna todos los fenómenos, así como el sol, cuando se eleva sobre una región, ilumina toda el área con claridad. Si te enfocas en esa luz clara, disipa la ignorancia no reconocida. Aquí se dice que impregna la ignorancia y las ilusiones. Esto significa que las despeja y abre el camino. Ese supremo néctar de todos los néctares es nuestra propia conciencia de sabiduría trascendente, la Mente Natural. Ese es el néctar que llamamos Bonku, Dharmakaya.

11. Dakini Drimé Dangden Ma

No.11 Dakini Drimé Dangden Ma

La Dakini Drimé Dangden Ma de Yorpo mostró a la Dakini de la familia Cho, Ökyi Dzutrul Tön

Signo número 11: mano derecha levantando la rodilla derecha.

Significado 11: La Mente Natural es como el espacio; es primordialmente vacía, carente de yo y todo lo impregna. La Mente Natural es como un loto; está libre de los extremos de lo bueno y lo malo, tanto en el exterior como en el interior. La Mente Natural es como un tesoro de joyas; de ella surge todo lo que se desea o necesita. La Mente Natural es como un arco iris; es el Dharmakaya de la apariencia y la Vacuidad no duales.

Así habló.

Algunos de estos signos, en dependencia de los cuales se transmitieron las instrucciones, son bastante evidentes. Otros de estos gestos no verbales son más difíciles para nosotros de comprender. A veces también es difícil saber exactamente cómo se veían. En este caso, la Dakini Drimé Dangden Ma de Yorpo transmitió las instrucciones a la Dakini de la familia Cho, Ökyi Dzutrul Tön. Estos nombres en particular son tibetanos y, por lo tanto, estas Dakinis pueden identificarse como mujeres tibetanas.

En todos estos casos, el significado de la transmisión es aquello que experimentamos en la meditación de la Mente Natural, en la meditación Dzogchen. Hay símbolos mediante los cuales podemos comprender y recibir alguna indicación de lo que podemos experimentar en Dzogchen.

En nuestra experiencia puede aparecer mucho. Está el factor de la apariencia, el factor de la vacuidad y el factor de la unión de ambos. A veces nos parece que la Mente Natural es un factor de apariencia y, a veces, que es un factor de vacuidad. A veces tenemos incertidumbre al respecto, no entendemos cómo hay una unificación completa de estos dos. Aparecerá de diversas maneras, como apariencia o como vacuidad, pero la realidad es que están en unión.

La Mente Natural es como el espacio, el Dharmakaya. Es como el espacio en el sentido de que ha impregnado infinitamente todos los fenómenos. La Mente Natural es como un loto: el loto crece del barro y el fango hasta convertirse en una forma hermosa en forma, color y fragancia. De manera similar, la Mente Natural está libre de todas las faltas, externas o internas. La Mente Natural es también como una joya preciosa. Es realmente como un tesoro, el tesoro real de cosas preciosas. O se puede pensar en ella como en una mina inagotable de joyas que existe en el suelo bajo tus pies. Esto simboliza cómo todas las cualidades del estado iluminado, la compasión y la sabiduría atemporal, derivan de la Mente Natural.

La Mente Natural es como un arco iris porque se manifiesta en muchos colores diversos. El arco iris simboliza que la Mente Natural aparecerá en tu práctica de meditación de muchas maneras diferentes. A veces aparecerá como gran vacuidad, a veces aparecerá como rayos de luz. Esto indica la variedad de apariencias. Esta transmisión en particular nos introduce a estas diferentes cualidades o características de la Mente Natural. Si se explica de manera extensa, todas las instrucciones están incluidas en ella.

12. Dakini Ökyi Dzutrul Tön

No.12 Dakini Ökyi Dzutrul Tön

La Dakini de la familia Cho, Ökyi Dzutrul Tön, mostró a la Dakini Dzutrul Natsog Tön de Drusha:

Signo número 12: seis ruedas de luz.

Significado 12: La Mente Natural carece de existencia inherente y está libre del extremo del eternalismo. Como nunca está ausente, está libre del extremo del nihilismo. No se aferra a los seis objetos de la conciencia y está libre del aferramiento al yo. Está más allá del color y de la dirección, libre de todo apego a la existencia inherente.

Así habló.

La naturaleza de la mente está libre de extremos. Hay muchas formas de categorizar los extremos, como los ocho extremos, los cuatro extremos o los dos extremos. Un símbolo de esta libertad respecto a los extremos es agitar una lanza en el espacio. Cuando una lanza larga se agita, no hay absolutamente ninguna obstrucción en el espacio. A veces, esta es la explicación de este comentario simplemente con el fin de desarrollar la comprensión, observando los extremos de existencia, no existencia, permanencia e impermanencia.

Los eruditos hacen comentarios sobre esto, pero en realidad es imposible explicar estos extremos. Se puede decir que la vacuidad es permanente, pero la permanencia es solo una etiqueta que se le coloca. La Mente Natural está, en realidad, libre del extremo de la permanencia; está más allá de la permanencia. Otro símbolo que se utiliza es un phurpa (tib.), una estaca o clavija clavada en el barro suelto que se puede mover. Simboliza que no está fija en una posición. Está libre de extremos. Es como una banda elástica que puede estirarse en cualquier dirección. No está limitada. La vacuidad de la Mente Natural es vasta. No está limitada en absoluto. Es libre y abierta. Está libre de extremos. Se pueden discutir estas cosas y analizarlas en términos de estar libre de extremos, pero la esencia es tal como se ha descrito. No necesitamos entrar en este proceso analítico. Aunque se puede aplicar el análisis observando estos extremos, cuando se hace, se realiza sobre la base de una dualidad sujeto-objeto. Es el análisis de lo que se observa y de quién observa, de lo que son el sujeto y el objeto. Por eso, en realidad, no corresponde al significado, que es la no dualidad. Así que no favorece exactamente la práctica tener este tipo de análisis dualista.

Como la Mente Natural no se aferra a los seis objetos específicos, está libre del apego al concepto de yo. Cuando se desarrolla la ignorancia del aferramiento al yo, es sobre la base de la aparición de los seis objetos: los cinco objetos de los sentidos y el único objeto mental. La Mente Natural está libre de aferramiento a los seis objetos. Está libre de todo aferramiento. Esta transmisión se refiere principalmente a que la Mente Natural está libre de todos los extremos.

13. Dakini Dzutrul Natsog Tön

No.13 Dakini Dzutrul Natsog Tön

La Dakini Dzutrul Natsog Tön de Drusha mostró a la Dakini Lung-gyen Nangwa Datön Ma:

Signo número 13: una unión de luces de método y sabiduría.

Significado 13: Dentro de la Gran Permanencia de ausencia de encuentro y separación, de liberación y engaño, se halla el Gran Nihilismo, establecido de manera espontánea y carente de aferramiento al yo. Puesto que la existencia está auto-sellada, es el Gran Yo. Puesto que la existencia es la verdadera naturaleza manifestándose, es el Gran Aferramiento a la Realidad.

Así habló.

El significado de esta transmisión es, en realidad, similar al de la anterior. Cuando se observan las palabras de la instrucción, parece que es exactamente lo opuesto a lo que se acaba de decir, pero en realidad el significado es el mismo. Esto es para indicar que la Mente Natural está más allá de decir que es de una manera u otra, que es así o que no es así. Por eso, usar una terminología exactamente opuesta indica que la Mente Natural está más allá de este tipo de designaciones de ser esto o aquello, no esto o no aquello.

Se dice que la Mente Natural es la Gran Permanencia o el Gran Eternalismo. Decir que está libre de encuentro y separación, o de liberación y engaño, significa que no se percibe como una sola cosa o como cosas reunidas y agrupadas en una. Tampoco se ve como separada o distinta. Por ejemplo, una persona y sus agregados no se ven como uno con esos agregados ni como separados de ellos.

La Mente Natural está libre de liberación y engaño en el sentido de que no va a ser liberada en el futuro. Siempre ha estado liberada. Este tipo de enseñanza se llama Gran Permanencia. El texto dice: "hay un Gran Nihilismo establecido espontáneamente, carente de aferramiento al yo". Normalmente, se dice que la Mente Natural está libre de los extremos de permanencia o nihilismo. En este caso, desde el punto de vista de estar para siempre libre de aferramiento a la realidad de las cosas, el nihilismo es espontáneo, lo que significa que está para siempre libre de aferrarse a la realidad.

Las instrucciones dicen: "Puesto que la existencia está auto-sellada, es el Gran Yo". La palabra "yo" se usa en contextos variados para significar cosas diferentes. Por un lado, hablamos del yo como de mí mismo u otros, lo cual es meramente imputado, meramente una etiqueta que se coloca sobre una persona que pasa de una vida a la siguiente. Es solo un término que designa la realidad convencional de una persona que pasa de una vida a otra. Por otro lado, la palabra "yo" se usa para describir aquello que es negado en las enseñanzas: el yo que es propuesto o afirmado por filosofías no budistas como algo inherentemente, independientemente autoexistente. En este caso, ese tipo de yo es negado en las enseñanzas.

Pero la palabra "yo" también se usa de otras maneras. Aquí, la Mente Natural es llamada el "Gran Yo" porque sella toda existencia y apariencias. La Mente Natural deja su impronta en todas las apariencias y en toda la existencia. Convencionalmente, cuando hablamos del yo, es el dueño de los agregados, por ejemplo: "mi mente, mi cuerpo, mis sentimientos", y así sucesivamente. De forma similar a la designación del yo como aquel que está a cargo de los agregados de una persona, aquí la

Mente Natural es designada como el Gran Yo porque impregna y deja su sello sobre todo lo que existe.

En términos generales, la visión o filosofía en la práctica de Dzogchen sí corresponde a las enseñanzas del Buda, a las perfecciones, y a la explicación del Buda sobre la ausencia de yo. En general, esa es la visión que se acepta en el contexto del Dzogchen y también en otras tradiciones tibetanas.

14. Dakini Nangwa Datön Ma

No.14 Dakini Nangwa Datön Ma

La Dakini Lung-gyen Nangwa Datön Ma mostró a la Dakini Tog-beb Ma, de ascendencia Menyag:

Signo número 14: en cuclillas como un perro o un león, mirando al espacio.

Significado 14: Sin rechazar las apariencias de luz, se las reconoce como manifestaciones de la Conciencia Pura. Cualquier concepción de aferramiento que surja es el campo de juego de la Conciencia Pura. Sin pensar en lo que aparece, este es el lugar de liberación de la Conciencia Pura. Primordialmente, no pensar en nada es la Liberación resultante.

Así habló.

No hay necesidad de vigilar o preocuparse por el tipo de apariencias que surjan en la mente. Tendrás diversas experiencias: apariencias agradables, apariencias desagradables, buenas experiencias y malas experiencias. La instrucción es no preocuparse ni dar demasiada importancia a qué tipo de apariencias surgen en nuestra mente. El ejemplo que se da es el de un campo de juegos. Imagina que tienes un enorme campo de juego, un campo de fútbol o algún lugar donde se desarrollan diferentes tipos de juegos. Todo es solo juego y hay un gran espacio en el que pueden ocurrir cosas. Pero, al igual que con los juegos que se desarrollan, no es algo por lo que haya que preocuparse demasiado. De la misma manera, la Mente Natural es ese espacio, ese entorno, en el que pueden surgir todo tipo de apariencias, buenas o malas, tal como en ese campo de juegos. El consejo es no estar demasiado preocupado, demasiado implicado o aferrado a cualquier apariencia que surja. A veces, cuando una persona se siente feliz, se aferra con mucha fuerza a esa experiencia. Por ejemplo, si ganara millones de dólares en la lotería, estaría eufórica y se sentiría muy bien. Por otro lado, si las cosas salen mal —alguna desgracia personal o familiar, o un negocio que fracasa— y uno se aferra con fuerza a eso, se sentirá extremadamente abatido. El consejo aquí es no preocuparse tanto ni aferrarse, y no asignar realidad a cualquier apariencia que surja. Esta es una visión muy buena para mantener presente en nuestra vida diaria. Cuando surjan diferentes sentimientos, agradables o desagradables, simplemente reconoce que todo está dentro del campo de juego de la conciencia intrínseca y de la Mente Natural. No te preocupes demasiado por lo que aparezca.

15. Dakini Tog-beb Ma

No.15 Dakini Tog-beb Ma

La Dakini Tog-beb Ma, de ascendencia (tibetana) Menyag, mostró a la Dakini Namkha Cham de Uddiyana:

Signo número 15: invitando a la luz desde la esfera de la Conciencia.

Significado 15: La Mente Natural está más allá de aferrarse a objetos. Sin permanecer en percepciones, impregna toda la existencia. Puesto que, en última instancia, no hay nombres, no existe un nombre para la sabiduría. Como no puede mostrarse de manera convencional y está libre de producción y desintegración, es como el diamante indestructible Yung Drung.

Así habló.

La idea principal de esto ya ha sido explicada. La Mente Natural está más allá de cualquier objeto del pensamiento dualista. Se le dan muchos nombres a la Mente Natural—sabiduría trascendente, sabiduría auto-surgida, sabiduría auto-conocedora— pero, al final, todos ellos son solo nombres, solo etiquetas. Desde el punto de vista de que en realidad no es lo que esos nombres indican, está más allá del pensamiento dualista. La fuente es inexpresable, no hay nombre para ella. Las etiquetas no pueden revelar la verdadera naturaleza. Desde el aspecto de que no se expande ni disminuye, se la compara con el indestructible diamante Yung Drung (esvástica).

16 Dakini Namkha Cham

No.16 Dakini Namkha Cham

La Dakini Namkha Cham de Uddiyana mostró a la Dakini Shiwer Ötang Ma:

Signo número 16: reuniendo cinco gotas.

Significado 16: La mente de la Conciencia Pura no puede ser revelada como "Esto es". No hay nada que pueda medir o simbolizar la Mente Yung Drung. La Mente Natural está primordialmente libre de reunión y dispersión. Me inclino ante el Dharmakaya en el que las apariencias se auto-liberan.

Así habló.

Podemos hacernos una idea del significado de la Mente Natural escuchando las enseñanzas y leyendo las escrituras, pero no de manera precisa. No podemos comprender exactamente qué es de este modo. La comprensión tiene que llegar a través de la experiencia de nuestra propia práctica. Esto indica que el aprendizaje y la obtención de experiencia mediante la práctica deben ir juntos. Que "no puede ser revelada como 'Esto es'" significa que puedes formarte una idea, pero no puede explicarse completamente porque está más allá de las palabras.

Decir que está más allá de las palabras no significa que esté más allá de la experiencia. Esto es algo que puedes experimentar a través de tu meditación y tu práctica. Es principalmente mediante tu propia experiencia que puedes identificarla o reconocerla. La Mente Natural puede describirse mediante ejemplos y metáforas como la luz, el espacio, el océano o el sol, pero esos son solo aproximaciones.

Estar "primordialmente libre de reunión y dispersión" significa que la base y las apariencias son inseparables. Piensa en la Mente Natural como la base, y en las apariencias como la energía y manifestación que surgen de esa base. En realidad, nunca están separadas. Que las apariencias se liberen en el Dharmakaya, Bonku, es algo natural. Es el estado natural de las cosas. Es también la forma en que experimentamos las apariencias en la práctica: como liberadas en el Dharmakaya.

17. Dakini Ötang Ma

No.17 Dakini Ötang Ma

La Dakini Shiwer Ötang Ma mostró a la Dakini cachemir Gyan-den Ma:

Signo número 17: presionando el cuerpo con diez dedos.

Significado 17: Puesto que la Mente Natural Yung Drung se extiende por todas partes, desde el centro hasta los límites más externos, es el gran espacio. Como es, en última instancia, inmutable, es el gran espacio indestructible. Como está libre de artificios de aceptación y rechazo, es el gran espacio inimaginable. Como nunca se agota, por mucho que se utilice, es el gran espacio muy precioso.

Así habló.

La metáfora del cielo, el ejemplo del espacio, es muy reveladora. No ilustra solo una faceta o característica de la Mente Natural, sino muchas. Así como el espacio no tiene centro ni bordes, de igual manera la Mente Natural lo impregna todo y no tiene centro, límite ni frontera. La Mente Natural es inmutable como el espacio. Así como, sin importar si está soleado o llueve, por mucho que cambie el clima, el espacio en el que ocurre no cambia, de la misma forma la Mente Natural es inmutable.

Todos tienen experiencias de felicidad y tristeza, pero estos son solo cambios en la forma en que las cosas se nos aparecen; la Mente Natural en sí misma no cambia. No hay esfuerzo que pueda cambiar el espacio. No puede ser rechazada, negada ni demostrada. Así como el espacio está libre de esfuerzo, la Mente Natural está libre de esfuerzo. Así como el espacio es inagotable, por mucho que lo uses, de igual manera la Mente Natural es inagotable. Con este único ejemplo del espacio, podemos encontrar muchas características que simbolizan la Mente Natural.

18. Dakini Gyan-den Ma

No.18 Dakini Gyan-den Ma

La Dakini cachemir Gyan-den Ma mostró a la Dakini Gyer Drag-chen Tsal

Signo número 18: tirando directamente con equilibrio meditativo.

Significado 18: Puesto que la Mente Natural, espacio sin dirección, nunca ha rechazado nada, las ilusiones y el karma, como nubes y neblina, surgen y se disuelven. Todo lo que se aprehende dentro de la Conciencia Pura nunca pasa fuera de la Mente Natural. Toda la existencia aparece y se libera dentro de la Mente Natural. Como lo positivo y lo negativo no están diferenciados, no hay división en la Mente Natural. Como nunca se aclara ni se oscurece, está completamente abierta día y noche.

Así habló.

Tanto la sabiduría trascendente como las ilusiones surgen de la base del Estado Natural. De manera similar a como las nubes y la neblina surgen en el espacio, aparecen debido a ciertas causas y condiciones. No se habla de que la Mente Natural obtenga sabiduría trascendente o se deshaga de las ilusiones. Cualquier cosa que surja de la Mente Natural, ya sea sabiduría trascendente o ilusión, no abandona, supera ni sale de la Mente Natural. Esto significa renunciar al aferramiento a las cosas positivas, como algo que uno desea o necesita. Y, de igual manera, renunciar al aferramiento a las cosas negativas como algo que debo eliminar o abandonar. Esta liberación del aferramiento en el Estado Natural es como volverse infantil, sin aferrarse a las cosas ni sujetarlas con fuerza. La discriminación derivada del aferramiento disminuye; por ejemplo, uno ya no está tan apegado a amigos o enemigos, a "mi bando" frente a "su bando". Esto es un signo de que el aferramiento se ha liberado en la Mente Natural, algo que experimentan los practicantes que se absorben en su práctica. Cuando deja de haber diferencia entre el día y la noche, su práctica continúa todo el tiempo. Cuando no hay diferencia entre el día y la noche, eso es señal de que la meditación ha tenido lugar.

18. Dakini Gyan-den Ma

No.19 Dakini Drag-chen Tsal

La Dakini Gyer Drag-chen Tsal mostró a la Dakini Namkha Nyima Öden Ma:

Signo número 19: presionando las palmas contra la cintura a cada lado.

Significado 19: Puesto que la Mente Natural es inconmensurable, es primordialmente carente de dimensiones. Como el Dharmakaya existe de manera espontánea, la discriminación entre lo bueno y lo malo se auto-libera. Como las faltas están destruidas desde la base, las cualidades positivas están naturalmente completas. Como el Rey de la Conciencia ha sido realizado, las ilusiones ya están aniquiladas.

Así habló.

La mayor parte del significado aquí ha sido oculto. La última línea, "Puesto que el Rey de la Conciencia ha sido realizado, las ilusiones ya están aniquiladas", es similar a cuando, en medio de una guerra, el rey enemigo es capturado y entonces todo el ejército contrario queda bajo control. Si comprendes la base y las apariencias como inseparables, entonces no hay necesidad de temer que surjan ilusiones o estados mentales conflictivos. Esto puede ayudarte a afrontar las tensiones y preocupaciones que surgen en tu vida diaria. De igual manera, con las experiencias o apariencias aterradoras en el bardo, el estado intermedio después de la muerte, pueden afrontarse bien mediante este método y cualquier cosa temible puede ser liberada. Sin comprender esa conexión entre la base y las apariencias como manifestaciones de la Mente Natural, si intentas aplicar otros antídotos a esos pensamientos y engaños perturbadores o atemorizantes, podría haber algún beneficio, pero no se llegaría al punto principal. Volviendo al ejemplo de librar una guerra, aplicar otros antídotos sería como capturar a algunos soldados del otro ejército, pero no ganarías la guerra de ese modo. Esto muestra, principalmente, que necesitamos comprender que, sean cuales sean las experiencias de samsara o nirvana que surjan, son manifestaciones de la Mente Natural.

20. Dakini Namkha Nyima Öden Ma

No.20 Dakini Namkha Nyima Öden Ma

La Dakini Namkha Nyima Öden Ma mostró a la Dakini Nyima Tong-Kyab Ma:

Signo número 20: el signo de un corazón, como tres espejos mágicos.

Significado 20: Puesto que el espacio es ilimitado, no lo aten con el aferramiento dualista. Si no puedes permanecer sin reaccionar ante las apariencias dualistas, el sol de la sabiduría se pondrá. Si el pensamiento no surge como Mente Natural, intentarás ascender por los senderos y etapas, pero la sabiduría desaparecerá. Si no haces amistad con el demonio de las emociones negativas, tu camino de práctica se volverá intransitable.

Así habló.

En general, hablar de este tema en particular requeriría una explicación extensa. Al meditar, si te aferras a la idea de que la vacuidad debe ser vacía, eso no es correcto. En otras palabras, si te aferras al concepto de que tiene que ser vacía, ese no es el enfoque correcto. Lo principal es que el aferramiento debe disolverse. Necesitas asentar la mente sin percepción de sujeto u objeto, sin objetivar ni el objeto ni el sujeto. Está más allá de objetivar tanto al sujeto como al objeto.

No hay un proceso mental que implique mejorar gradualmente la mente ordinaria. Por ejemplo, hablamos del samadhi y de cómo se utiliza como un factor mental para mejorar la meditación. Este tipo de procedimiento no está implicado aquí. Si aplicas este método para intentar mejorar la mente ordinaria, hará que la sabiduría primordial decline o se apague.

Al meditar, aparecerán formas ante tu vista o sonidos que resonarán en tu oído, pero al no prestarles atención nos asentamos en la Mente Natural. No se trata de tensar la concentración ni de necesitar más intensidad en la meditación. Se trata más bien de que tu conciencia se relaje en el Estado Natural. Cuando surjan sentimientos o experiencias desagradables, se trata de soltarlos y relajarse en la meditación. Cuando sueltas el aferramiento a las apariencias y a las ilusiones, entonces sueltas en esa visión de vacuidad. Esto es propicio para acercarse al aspecto de la vacuidad. También puedes asentarte en el factor de las apariencias. Esas apariencias son el factor de aparición que surge de manera natural. Cuando esas apariencias se permiten surgir en la vacuidad, esa es la práctica. Cuando esos sonidos o visiones surjan en la meditación, no los sigas ni intentes detenerlos. Sean buenas o malas las cosas que aparezcan, debes ser capaz de soltarlas todas. El ejemplo es el de un patio o campo de juegos donde toda la práctica tiene lugar. Cuando sueltas las apariencias buenas o malas, esa es la práctica. Así es como la meditación evoluciona. Cuando te absorbes completamente en ella, entonces continúa sin importar si es de día o de noche.

21. Dakini Nyima Tong-Kyab Ma

No.21 Dakini Nyima Tong-Kyab Ma

La Dakini Nyima Tong-Kyab Ma mostró a la Dakini Maha Sukasiddhi

Signo número 21: signo del propio resplandor de la Conciencia Pura; presionando hacia abajo el cuerpo.

Significado 21: Si no sostienes el significado con confianza, la hija del esfuerzo se desbocará. Si no aceptas la protección del guardián de la visión, el querido hijo —tu propia mente— será destruido como un enemigo. Si no colocas al centinela de la meditación, ser conocido como un gran yogui carecerá de sentido. Si no domas al elefante salvaje de la conducta, tu visión se convertirá en la de una persona ordinaria.

Así habló.

Aquí se dan muchos ejemplos para explicar el significado. Principalmente, esto quiere decir que necesitamos desarrollar confianza en relación con nuestra visión, nuestra meditación y nuestra conducta. Queremos que nuestra visión sea carente de objeto. Si no meditamos en el estado sin objeto, no podremos controlar nuestra mente. Como la mente ordinaria se involucra constantemente en muchos y diversos objetos y está cambiando continuamente como el clima, no es estable. No podemos confiar demasiado en la mente ordinaria porque está en constante cambio. No puedes lograr que la mente "firme en la línea punteada". Por ejemplo, cuando firmamos un contrato con alguien, estamos diciendo que esta es mi promesa. No puedes obtener nada así de la mente ordinaria. Por lo tanto, necesitamos meditar sin objetos. La Mente Natural es inmutable y no está afectada por causas y condiciones.

En cuanto a la meditación, podemos estar libres de divagación, libres de distracción. Como dice el dicho: "Medita, medita, no medites". El significado de la meditación es estar sin distracción. Si no puedes proceder sin distracción, tu meditación no se desarrollará ni progresará.

La conducta se libera en el gran espacio de la vacuidad. Hablamos de la conducta en este camino espiritual como libre de adoptar o abandonar, libre de aferrarse o rechazar. Estar sin aferramiento en la conducta, por ejemplo, es similar a no preocuparse demasiado por si llevas ropa muy elegante o algo desaliñado. O, por ejemplo, no preocuparse demasiado por si llevas el cabello con rastas o rapado. No preocuparse por ese tipo de cosas, no añadir ningún concepto sobre ello, es similar a esa idea de conducta. Si estás muy apegado en tu conducta, diciendo "necesito vestir cierta ropa o cierto color y hacer ciertas cosas", entonces tu conducta se vuelve como la de una persona ordinaria. Si no domas al elefante salvaje de la conducta, tu conducta es como la de una persona ordinaria. Cuando un elefante actúa salvajemente y salta al agua y toda el agua se derrama, o corre hacia arbustos o árboles o hacia una casa y los derriba, el elefante salvaje destruye todo lo que encuentra. Esta es una breve explicación de la visión, la meditación y la acción en el camino espiritual.

22. Dakini Maha Sukasiddhi

No.22 Dakini Maha Sukasiddhi

La Dakini Maha Sukasiddhi mostró a la Dakini Bonchig, de la familia Cho

Signo número 22: el signo del significado claro, con las manos unidas.

Significado 22: Puesto que la Mente Natural no tiene pasado ni futuro, está conectada con todos los Budas de los tres tiempos. Como la Mente Natural incluye una compasión inconmensurable, está conectada con todos los seres sintientes. Al reconocer que es el lugar de todo surgir, permanecer y disolverse, está conectada con todos los caminos y resultados. Como la Vacuidad y las apariencias se liberan en la Conciencia Pura, el fruto se alcanza sin esfuerzo.

Así habló.

No hay división de la Mente Natural en el tiempo. En el caso de una persona, podemos hablar de una línea temporal. Por ejemplo, hay un momento particular en que una persona alcanza la iluminación. En la Mente Natural, los Budas del pasado, presente y futuro están todos mezclados, porque en cualquier momento es una sola, una singularidad.

La compasión inconmensurable está contenida en la Mente Natural, por lo tanto, está conectada con todos los seres sintientes de los tres reinos. La compasión es una manifestación o energía natural de la Mente Natural. Es la compasión inconmensurable, una de las Cuatro Inconmensurables, que impregna a todos los seres vivos. Por eso, la oración más poderosa que podemos decir es la aspiración de que todos los seres vivos permanezcan en la Mente Natural. El punto último de liberación en la Mente Natural hace que el camino y el resultado estén siempre juntos. No es como si hubiera algún otro resultado que deba obtenerse.

23. Dakini Bon-chig

No.23 Dakini Bon-chig

La Dakini Bon-chig, de la familia Cho, mostró:

Signo número 23: recogiendo la esencia vital de los Gurús.

Significado 23: Puesto que no nace de causas y condiciones, no hay base para una producción original. Como permanece en el gran desconocido, en el medio no hay lugar donde permanecer. Como el Dharmakaya es inmutable, no hay forma de que llegue a su fin. Como la existencia se libera en la esfera última de la Conciencia Pura, no hay tres Cuerpos resultantes que se busquen alcanzar.

Así habló.

La mayor parte del significado de esto ya ha sido explicada. La primera parte afirma que la Mente Natural no se genera a partir de causas ni de causas secundarias. Está primordialmente libre de cualquier base de nacimiento. En cuanto a dónde permanece, no hay mucho que se pueda decir, salvo que permanece en sí misma. Este es un tema que probablemente podría dar lugar a debate o controversia. La pregunta sería algo como: "¿Dónde permanece el cielo?" "¿Permanece el cielo en el cielo?" Es inmutable, no cambia, y no se puede decir a dónde va finalmente. No es producida, no permanece en ningún lugar y, finalmente, no va a ningún lugar. Normalmente, en términos de diferentes caminos o vehículos, un resultado es algo a lo que se aspira o algo que se busca alcanzar en el futuro. Aquí, dado que todas las apariencias y fenómenos ya han sido liberados en la Mente Natural, es solo cuestión de recordarlo. Esto habla sobre la fuente de la producción, la permanencia y la disolución.

24. Dakini Bon-chig

No.24 Dakini Bon-chig

La Dakini Bon-chig, de la familia Cho, mostró:

Signo número 24: la Transferencia Mental del AH Blanca.

Significado 24: En la Sabiduría Auto-originada no hay dependencia de senderos ni etapas que deban alcanzarse. Como no depende de causa y efecto, es un resplandor que impregna el espacio. No es interrumpida por condiciones ni destruida por antídotos. Puesto que la Conciencia Pura se auto-libera, el resultado está libre de producción y destrucción.

Así habló.

Cuando el cuerpo de la sabiduría primordial auto-surgida se manifiesta, la dependencia del camino gradual se agota por completo. Este tipo de afirmación, que se encuentra a menudo en las escrituras del Dzogchen, declara que, sin practicar el camino gradual, el resultado se obtiene rápidamente. Lo que se está diciendo es que no hay un camino gradual ni etapas progresivas. Se trata de mantener la meditación, una meditación constante, en la que toda existencia y todas las apariencias se liberan inmediatamente en la Mente Natural. De este modo, la Mente Natural se auto-libera, se auto-suelta. No hay cambio en la base, no hay cambio en el resultado; ambos son inmutables. En otros vehículos, la base y el resultado son diferentes; aquí, la base y el resultado son lo mismo.

25 Dakini Bon-chig

No.25 Dakini Bon-chig

La Dakini Bon-chig, de la familia Cho, mostró:

Signo número 25: Guru Yoga en la coronilla.

Significado 25: Esta Conciencia de Sabiduría auto-originada nunca ha sido producida ni destruida por causas y condiciones. No hay enumeración de senderos, etapas ni resultados. Está libre de ser objeto de los diecisiete conceptos.

Así habló.

No hay senderos ni etapas como en otras prácticas. Por ejemplo, en la presentación del sutra, hay cinco senderos o diez etapas, cada uno con su resultado particular. Cuando se obtiene el resultado de un sendero, se pasa al siguiente más elevado y se obtiene el resultado de ese. Aquí, el resultado es uno solo y no hay un resultado progresivamente más alto. Por lo tanto, no hay etapas en el sendero. Se menciona diecisiete visiones, es decir, diecisiete conceptos. En efecto, existe una categorización en diecisiete, pero en general, los pensamientos son innumerables. Tenemos veintiún mil pensamientos a lo largo de un solo día. Sin importar cuántos haya, se liberan fácilmente en la Mente Natural. Si te preocupa pensar que hay veintiún mil pensamientos, puedes pensar que hay solo unos pocos. No te inquietes. ¡No tienes que preocuparte demasiado por eso!

26. Dakini Bon-chig

No.26 Dakini Bon-chig

La Dakini Bon-chig, de la familia Cho, mostró:

Signo número 26: seis ruedas auto-claras que giran.

Significado 26: Puesto que un rayo de Conciencia surge desde la Vacuidad, las causas de la realización se auto-liberan. Como surge un rayo de Conciencia que trasciende causa y efecto, los senderos secuenciales (vehículos-yana) se auto-liberan. Como surge un rayo de Conciencia que trasciende lo defectuoso, el aferramiento se auto-libera. Como surge un rayo de Conciencia de Vacuidad y Apariencias, el fabricador se auto-libera.

Así habló.

Esta meditación se conoce como el sendero liberado, el sendero de la liberación. En otros vehículos, el procedimiento que se presenta es que existe un sendero de abandono de las ilusiones, seguido por un sendero de liberación. Hay una ilusión o ignorancia particular que se abandona mediante el sendero meditativo, que luego es seguido por el sendero de la liberación —el de haber sido liberado. Aquí, sin embargo, no hay percepción de faltas que deban ser abandonadas. No se consideran negativas. Simplemente se sueltan o se liberan.

Sea lo que sea que ocurra a lo largo de nuestro día, agradable o desagradable, felicidad o tristeza, todo ello constituye el entorno completo para nuestra práctica. Reconoce que los pensamientos surgen y libéralos. La capacidad de liberar en el momento del reconocimiento es similar a encontrarte con un amigo que no has visto en muchos años y reconocerlo al instante. Esto es similar a la liberación instantánea de apariencias y pensamientos. Esta liberación en el momento del reconocimiento, que ocurre de forma automática y muy natural, es como una serpiente desatando sus propios nudos. Esta liberación de pensamientos positivos o negativos, de sentimientos agradables o desagradables —liberarlos en el momento del reconocimiento— es como el ladrón que entra en una casa vacía y se da cuenta de que no hay nada que robar.

Con respecto a la Conciencia Intrínseca golpeando como un rayo, a veces las personas tienen una comprensión repentina de la Mente Natural. Hay un relato en las enseñanzas sobre dos personas en la antigüedad que recibieron las enseñanzas: una siempre había actuado honorablemente y practicado el Dharma, pero nunca había recibido las enseñanzas del Dzogchen; la otra no había sido practicante en absoluto y había hecho muchas cosas malas, como crear karma negativo. Ambas llegaron a recibir las enseñanzas del Dzogchen al mismo tiempo. Se dice que no hay certeza de que quien había sido practicante antes comprendiera o realizara más rápido que quien no lo había sido. A veces simplemente se realiza como un rayo.

Las diferentes filosofías que se estudian a lo largo de los diez sistemas se liberan instantáneamente. No hay aferramiento a que algo sea bueno o malo; el aferramiento se libera al instante. Como todos los fenómenos y la vacuidad surgen en la Mente Natural de forma repentina, como un rayo, el creador se auto-libera en su propia naturaleza. Al comprender que la base de la vacuidad es una con los fenómenos o apariencias que surgen de ella, ambos se liberan.

27. Dakini Bon-chig

No.27 Dakini Bon-chig

La Mente Natural está más allá del nacimiento y la muerte. Es no nacida e inmortal. También está más allá de embellecerla o simplificarla. Ya sea que la Mente Natural se explique de forma muy extensa o muy breve, en cualquier caso, no puede describirse realmente. Sin embargo, lo que se experimenta en la meditación puede describirse parcialmente hasta cierto punto. Si no fuera posible, sería imposible introducir el tema o enseñarlo a alguien. Describirla y explicarla es simplemente usar símbolos y articular sonidos para inducir cierto nivel de comprensión en una persona. Tal es el caso de la palabra Dzogchen. Tenemos esas dos sílabas: Dzog y chen. La primera, Dzog, significa perfeccionado o completo. Significa que toda la existencia y las apariencias están completamente incluidas o perfeccionadas en la Mente Natural. Otro ejemplo de un aspecto de completitud es que todos los elementos están incluidos en el espacio. De manera similar, las capacidades de los cuatro elementos también están incluidas en la Mente Natural. El ejemplo de los elementos es algo más evidente para nosotros, más fácil de comprender, ya que todos los elementos están incluidos en el espacio. La Mente Natural no es tan obvia ni fácil de percibir para la mente, pero los elementos pueden ayudarnos a entenderla. Como la Mente Natural es vacía, abarca todas las apariencias, tal como el espacio abarca todos los elementos. Como es la fuente tanto del samsara como del nirvana, se la compara con la tierra, de la que crecen todas las flores y bosques. Como la Mente Natural tiene la capacidad de liberar toda negatividad, faltas, karma, etc., es como el agua que puede lavar la suciedad. Como tiene la capacidad de destruir el aferramiento y la fijación, posee la capacidad del viento para llevarse las cosas. Es como el fuego, capaz de quemar todo aferramiento a la identidad de las cosas.

Las cualidades de las Seis Perfecciones están incluidas en el significado de la primera sílaba, Dzog. Todas ellas están completas en la Mente Natural. Por ejemplo, la perfección de la generosidad se caracteriza por la ausencia de apego y aferramiento. Dado que en la base de la Mente Natural no hay apego ni aferramiento, la perfección de la generosidad está completa en ella.

Como está más allá de cualquier moralidad esforzada de abandonar faltas o contaminaciones, la perfección de la disciplina ética también está completa en la Mente Natural. Se dice que es una moralidad primordial que ha sido mantenida sin principio ni fin. Se la llama la disciplina ética que no necesita ser guardada. Está libre de aferrarse a algo que deba ser abandonado o adoptado. Se dice que es la custodia de la moralidad que no custodia. Desde ese punto de vista, libre de perseverancia esforzada, no es ni demasiado relajada ni demasiado tensa.

En cuanto a la perfección de la paciencia, en la Mente Natural no hay nada que temer. La paciencia o tolerancia tiene, como uno de sus significados más importantes, la paciencia para realizar y comprender la Mente Natural. En algunos vehículos inferiores, al observar el procedimiento o el modo de descripción del Dzogchen, algunos dicen que no es correcto, que hay algo erróneo en ello, que uno debe meditar en una deidad o mantra. Aquí, en el camino del Dzogchen, no se dice que no se pueda meditar en deidades o recitar mantras, pero se afirma que no es absolutamente necesario. Los practicantes de vehículos inferiores dicen: "No, eso no está bien. No se podría mantener la paciencia". Un tipo de paciencia, al escuchar las afirmaciones del Dzogchen, sería decir: "Está bien, tal vez no lo sé todo. Tal vez haya algo de verdad en ello". Si puedes meditar con paciencia y conducirte de acuerdo con la conducta del Dzogchen, se puede obtener un gran beneficio. Si no le temes, si no lo criticas, eso es señal de paciencia. En cuanto a la paciencia incluida en la Mente Natural del Dzogchen, no hay nada que temer en la Mente Natural. No hay lugar para la ansiedad o la estrechez mental en la Mente Natural. Desde ese punto de vista, la paciencia está completa en ella.

Al mantener tu meditación en Dzogchen, si no caes bajo el poder de los pensamientos, entonces la perseverancia está completa. La perfección de la concentración está completa en ella; la Mente Natural se sostiene de manera continua. No hay un establecer la mente en ella, ni un soltarla. La Mente Natural tiene su propia capacidad de sostenerse. No hay intención de aplicarla ni de soltarla. Se sostiene por sí misma.

Finalmente, la perfección de la sabiduría está completa en la Mente Natural en que se conoce a sí misma y es la ausencia de dualidad sujeto-objeto. Así, las cualidades que están incluidas o completas en el Dzogchen son infinitas. Al mantener el aspecto de vacuidad y el aspecto de apariencia de la Mente Natural, todas estas cualidades infinitas están incluidas en ella.

La segunda parte de la palabra Dzogchen, chen, significa grande. Significa que no hay práctica superior a ella. Hay muchas maneras en que es la más grande. Es grande porque es el camino más rápido hacia la realización. Es grande porque no es comprensible para los vehículos que están por debajo de él. Es grande desde el punto de vista de ser extremadamente profundo.

28. Dakini Bon-chig

No.28 Dakini Bon-chig

La Dakini Bon-chig, de la familia Cho, mostró:

Signo número 28: ofreciendo el cuerpo en un banquete (tsogganachakra).

Significado 28: Autoliberada, la Mente Natural es la esencia del significado de la Vacuidad. Las visiones que afirman la singularidad (partidismo) o la multiplicidad son un escollo. Más allá de toda esperanza y temor, más allá del esfuerzo, la Mente Natural es un vasto receptáculo de gran dicha.

Así habló.

Este es el cuerpo ofrecido como un banquete o tsok-ganachakra. En general, el cuerpo es vacío y es una forma vacía. Si comprendes bien cómo el cuerpo se libera en la Mente Natural, entonces eso es lo que se quiere decir con que el cuerpo sea una forma vacía. Como el cuerpo es una forma vacía, se puede hacer cualquier cosa con él. Lo que la Dakini está haciendo aquí, ofreciendo su cuerpo como un banquete, es similar a la práctica llamada Chöd, en la que el cuerpo es ofrecido. Con la comprensión de que el cuerpo es vacío, no hay apego a él. Se llega al punto de abandonar expectativas y temores. La vacuidad es como un recipiente infinito dentro del cual todo puede colocarse; no está limitada por el aferramiento a esperanzas y temores, ni por el pensamiento esforzado o la perseverancia con la mente ordinaria.

Cuando hablamos de que el cielo es vacío, esa es una comprensión burda de la vacuidad. Un ser que piensa que todos los fenómenos son como el espacio renace en uno de los cuatro niveles del reino sin forma porque se aferra a esa idea. O puede quedar atrapado en el reino sin forma del samsara porque piensa que todo es vacío y su meditación es como el espacio. Pero esa es una percepción atada por la ignorancia; es un aferramiento a la concepción de que las cosas son como el espacio. Como han sostenido un enfoque en que los fenómenos son como el espacio, esto se vuelve cada vez más concreto para ellos. Se fija más y más en su mente.

Asimismo, hay cuatro niveles sucesivamente más sutiles del reino sin forma: espacio infinito, conciencia infinita, nada en absoluto, y ni existencia ni no-existencia. Cada uno de estos se vuelve más y más sutil, pero cada uno está atado por el aferramiento. Es un aferrarse a cualidades que son de la Mente Natural, la incapacidad de soltarlas.

Cuando descansamos nuestra mente en un estado no fabricado, no elaborado, necesitamos ir más allá y trascender todos esos conceptos. Mantener visiones sesgadas y trazar paralelos es un error. Eso es lo que se quiere decir aquí. Si nos aferramos a una de estas cualidades de este modo, si la concretizamos y la cosificamos, entonces eso es un error. Es un fallo. Por eso es importante que comprendamos algunas de las sutilezas de la meditación. Hay muchos tipos diferentes de meditación y muchos niveles distintos de meditación. Necesitamos entender estas distinciones y no fabricar una unificación artificial de algo. Debemos ser capaces de trascender todas esas ideas similares.

"Mente Natural es un vasto receptáculo de gran dicha" se refiere a que la Mente Natural es un vasto receptáculo que lo contiene todo. El hecho de que los seres vivos experimenten felicidad es una señal de que la Mente Natural está presente. La capacidad de nuestros ojos para percibir formas, la capacidad de nuestra mente para conocer cosas, la capacidad de emprender y realizar vastas actividades con nuestra mente, son todas señales de la Mente Natural en nosotros. Que todas las apariencias estén incluidas en la Mente Natural no es solo una descripción verbal. Es un hecho real de nuestra vida, desde el nacimiento hasta la muerte. Por ejemplo, una persona puede ser el hermano o hermana de alguien, y también ser tía o tío de otra persona, y también sobrina o sobrino de otra. De manera similar, la Mente Natural puede ser el factor de vacuidad, puede ser el factor de apariencias, puede ser el factor de compasión. Puede ser un factor de todas las diferentes perfecciones, sin mencionar las sesenta permutaciones distintas de las perfecciones. Similar al ejemplo de la persona que puede ser varias cosas en relación con distintas personas, la Mente Natural puede ser todas estas cosas. Las incluye todas. Y no es solo que se le pongan diferentes etiquetas, sino que todas estas cualidades están realmente presentes de manera espontánea en ella. El hecho de que alguien sea la esposa de alguien no significa que no sea también la sobrina de otra persona. De igual modo, alguien puede ser padre y también hijo. Todo ocurre simultáneamente.

29. Dakini Bon-chig

No.29 Dakini Bon-chig

La Dakini Bon-chig, de la familia Cho, mostró:

Signo número 29: el mudra del león liberado.

Significado 29: Puesto que la Conciencia es completamente pura, ni siquiera el nombre "samsara" existe. Sin abandonar los cinco agregados, la iluminación está primordialmente alcanzada. Todos los ornamentos que iluminan la Mente Natural están completos. La ecuanimidad de Samantabhadra no cae en el partidismo.

Así habló.

Podemos decir que, dado que la sabiduría trascendente es primordial, nunca ha existido el samsara, ni siquiera el nombre "samsara". ¿Cómo surge el samsara? Surge a través de la ignorancia y el aferramiento al yo. Samsara y nirvana no pueden estar más allá de la Mente Natural; están dentro de ella. El proceso de cómo se produce el samsara es similar a lo que ocurre cuando un ser del bardo toma renacimiento en otro cuerpo. En primer lugar, en el momento de la muerte, el cuerpo es abandonado y la Mente Natural se manifiesta. Como las manifestaciones de la Mente Natural nunca cesan, cuando aparece y brilla una luz, la mente la percibe como si viniera de fuera, de algún otro lugar. Luego, mediante el aferramiento, se conciben interior y exterior, sujeto y objeto. Cuando la conciencia visual percibe un objeto, se han establecido dos lados. La continuidad de eso se vuelve cada vez más burda. Un pensamiento sostiene al siguiente. Es como el agua que se solidifica en hielo en invierno: los conceptos se vuelven cada vez más densos. En relación con el bardo, se hace referencia a sonidos, luces y rayos. Las primeras apariencias sutiles que surgen se vuelven fácilmente más burdas, manifestándose en formas más densas. Comienzan como luces de diferentes colores —rojo, amarillo, verde, azul y blanco— y, al volverse más burdas, evolucionan hacia fenómenos más densos. De ahí surgen los elementos de fuego, tierra, viento, agua y espacio. Esto evoluciona hasta convertirse en el mundo que las personas experimentan. A eso lo llamamos samsara. El samsara no está ahí desde el principio, sino que surge a través de esta percepción errónea, esta falsa concepción.

Sin abandonar los cinco agregados, se realiza la budeidad primordial. No hay necesidad de deshacerse de los agregados. Un punto de aclaración respecto a la experiencia de las luces que surgen del Estado Natural en el bardo: percibirlas como si vinieran de fuera es el comienzo de la conceptualidad. Es el inicio de la división en la dualidad sujeto-objeto que evoluciona hacia el samsara. La realidad es que esas luces no vienen de fuera. Ese es el error que se comete. Reconoce esto: esas apariencias provienen de la Mente Natural. Es cuando no se reconoce que esas apariencias son manifestaciones de la Mente Natural cuando comienzan los problemas. La Mente Natural lo abarca todo por igual, sin que el samsara sea malo y el nirvana bueno, y así sucesivamente. Sin caer en parcialidades, no se inclina hacia los extremos de samsara o nirvana, y por muy malas o buenas que sean las cosas, no afectan ni dañan a la Mente Natural.

30 Dakini Bon-chig

No.30 Dakini Bon-chig

La Dakini Bon-chig, de la familia Cho, mostró:

Signo número 30: el signo de estar protegido por el mandato del Señor.

Significado 30: Aquellos que no permanecen en esto, que carecen de la fortuna para ello, son como alguien que quiere yogur intentando ordeñar un cuerno, o como un perro intentando lamer el espacio. Este es un lugar de raksha —caníbales— donde el brillo de los elementos se ha desvanecido. Al mezclar néctar con veneno, acortas la vida de los seres vivos. Al confundir visión, meditación, conducta y fruto, entras en un pozo de oscuridad. La degeneración del samaya hará que la sangre del corazón brote de tu boca.

Así habló.

Esto es desde el punto de vista de que se trata de una instrucción muy profunda. Si recibes estas instrucciones, realmente no necesitas otras. De lo que se habla aquí, en particular, es de cuando alguien recibe estas enseñanzas y no las respeta. Hemos hablado de la visión, la meditación, la conducta y los resultados. Debemos mantener respeto y reverencia por ellos. Esta visión es sin objeto; es carente de objeto. Si alguien dijera que no tener ningún objeto para tu meditación es un error, estaría equivocado, y entonces este tipo de problema surgiría. Aquí la enseñanza es que la meditación consiste en no distraerse. Si no estás de acuerdo y dices que eso no es correcto, que la meditación no es no-distracción, surgirá un problema. Esta escritura se presenta en el sentido de ser la palabra final. Es la instrucción definitiva. No hay nada más allá de esto. Dentro de la estructura de los nueve vehículos, este es el noveno y más alto vehículo. No hay nada que esté más allá de él, nada que lo supere. Puedes explicarlo de diferentes maneras, pero no hay nada que vaya más allá de esto.

Preguntas y Respuestas

Pregunta: ¿Cuándo sabe una Dakini que es una Dakini? ¿Cómo sucede ese proceso?

Respuesta: En primer lugar, en términos de las enseñanzas del Dzogchen, podemos hablar de seres que son ordinarios y seres que son extraordinarios. Diríamos que la persona ordinaria que ha sido introducida a la Mente Natural ya no es ordinaria. Ahora es extraordinaria, es especial. Una vez que se la introduce a la Mente Natural, entonces es especial o está exaltada por encima del estado ordinario. Hablando de forma general, a partir de ese momento podemos hablar de tres etapas diferentes de experiencia meditativa. La primera etapa es sentarse en sesiones de meditación. Los practicantes se sientan en su cojín de meditación y reconocen la Mente Natural, pero no fuera de esas sesiones.

En la segunda etapa, ya no hay separación entre meditación y no meditación. Todo se convierte en meditación. La meditación automática o que surge de manera natural es la segunda etapa. Ya no hay pérdida de conciencia entre las sesiones de meditación.

El tercer nivel es un estado altamente realizado en el que uno reconoce realmente que todos los fenómenos son manifestaciones de la conciencia trascendente o Mente Natural. Se dice que en este punto uno se convierte en Dakini. Creo que, al llegar a la segunda etapa, en la que no hay mucha diferencia entre meditación y no meditación, ya se puede decir que eres una Dakini en ese momento. Es difícil dar una respuesta definitiva a esto. Es una buena pregunta.

Pregunta: ¿Ocurre el cuerpo arcoíris de manera espontánea cuando uno realiza que todos los fenómenos surgen del estado natural?

Respuesta: No significa necesariamente que alcances el cuerpo arcoíris. Pero, en general, llegar a la realización de que todos los fenómenos son una manifestación de la energía creada por la Mente Natural sería el punto en el que se puede alcanzar el cuerpo arcoíris y la culminación de la realización.

Pregunta: ¿Hay señales cuando un practicante está cerca de alcanzar el cuerpo arcoíris? ¿Hay cosas que aparecerían en su vida?

Respuesta: Si hablamos de estar cerca de alcanzar el cuerpo arcoíris, esto se referiría a alguien que se encuentra próximo a la muerte. Decir qué tipo de señales surgirían sería difícil. Algunos practicantes, al acercarse a la realización, se vuelven cada vez más como niños, porque están soltando el aferramiento a tantas cosas, dejando de asirse a ellas. Eso podría considerarse una señal de que alguien está más cerca de la iluminación plena.

Pregunta: A veces, volverse más infantil con la edad no es algo positivo.

Respuesta: Podría ser un factor del envejecimiento, especialmente si es algo que simplemente está ocurriendo y la persona no ha estado practicando. Si sucede como resultado de los tipos de realizaciones que ocurren debido a la práctica, entonces es una señal de tal realización.

Pregunta: Cuando estás en ese estado natural, ¿cómo se relaciona con la palabra sánscrita samadhi?

Respuesta: La palabra samadhi, en tibetano ting-nge-dzin, puede aplicarse a una amplia gama de meditaciones. En relación con cualquier tipo de meditación en la que uno se absorbe, podría decirse que la Mente Natural es un tipo de samadhi. En la meditación de la Mente Natural, en realidad estamos más allá del samadhi. La presentación general del samadhi en las enseñanzas de lógica y dialéctica se refiere a un tipo de mente más ordinaria. Habla de una conciencia que se enfoca directamente en algo. Ordinariamente, samadhi se usa para describir una mente enfocada de manera puntual en un objeto; que no se dispersa ni se va a otro lugar, sino que permanece o reposa puntualmente en un objeto. La presentación de la meditación de calma o quietud mental crea una sensación de bendición o experiencia especial. La mente puede reposar puntualmente en un objeto gracias a la fuerza del samadhi, a la fuerza de la absorción meditativa. Ese samadhi en particular se identifica como un factor mental, solo un factor o parte de la mente. Es algo que ayuda o permite que la mente permanezca enfocada puntualmente en su objeto. Desarrollando y mejorando la práctica del samadhi, la mente principal puede mejorar y en algún momento, enfocarse y realizar su objeto. Entonces se puede tener experiencia meditativa. Como resultado, se puede alcanzar una flexibilidad del cuerpo y de la mente.

Pregunta: En la segunda fase de la práctica de meditación que describes, después de que alguien ya ha comenzado a reconocer su Mente Natural y esta se vuelve más continua o natural también en el estado post-meditación, ¿sería eso algo así como un samadhi de Dzogchen o Mahamudra? Si no, ¿cómo lo describirías?

Respuesta: La palabra samadhi no se usaría en ese contexto. Es simplemente una cuestión de si eres capaz de reposar en la Mente Natural. Una vez que has abierto la puerta a la Mente Natural, es como si se hubiera abierto un espacio o como si se hubiera encendido una luz. Reposas en eso, y al principio puede ser solo por períodos cortos. Luego, cuando puedes permanecer en esa conciencia todo el tiempo, estás en la segunda etapa. En esta enseñanza, los términos para la mente ordinaria y los factores mentales como el samadhi no se mezclan. Un buen ejemplo es el cielo despejado de nubes.

Pregunta: Básicamente, ¿estás diciendo que, mientras meditamos, cualquier cosa que experimentemos —sea un elemento, una emoción o un pensamiento— la dejamos estar, y al permitirle estar, se disuelve en la Mente Natural?
Respuesta: Sí, correcto.

Pregunta: ¿Tienes alguna sugerencia para cuando, mientras meditamos, nos da sueño o nuestra atención comienza a flaquear y no podemos reposar naturalmente?
Respuesta: A veces la mente puede agitarse y es difícil reposar en el estado natural. Hay modos de conducta que pueden emplearse en esa situación. Puede ser bueno ir a un lugar un poco más oscuro, no extremadamente iluminado, o tal vez refrescarse un poco. Si la mente está demasiado excitada, puedes quitarte algo de ropa, encender el aire acondicionado y quizá comer una comida un poco más abundante. Por otro lado, si la mente se está volviendo torpe o somnolienta, entonces el consejo es el opuesto: puedes ir a un lugar alto donde haya mucha luz, por ejemplo, el piso superior de la casa que tenga más iluminación. A veces mirar hacia el cielo puede ayudar, mirar hacia el espacio. Si el problema es demasiada excitación o agitación mental, puede ser útil dirigir la mirada hacia abajo. Si

te topas con un muro en tu meditación, no deberías forzarlo. A veces se recomienda tomar un pequeño descanso. Si tienes dificultad y fuerzas demasiado, puede crearse una actitud en la que, al pensar en meditar, te entristeces y no lo esperas con gusto.

Pregunta: ¿Cuál es la perspectiva del Dzogchen sobre cuando tienes un sueño y luego se cumple en tu vida?

Respuesta: La explicación desde el punto de vista del Dzogchen sería que todas las cualidades realizadas están presentes de manera espontánea en la Mente Natural, lo que incluye el conocimiento del futuro y la clarividencia. Es natural que puedan surgir ese tipo de cualidades, como el conocimiento de un evento futuro.

Anoche tuve un sueño: me apresuraba hacia la parada de autobús con un amigo y tenía el billete, pero no sabía qué hora era. Cuando llegamos al autobús, llevaba mi bolso y mi amigo no me ayudaba. Entonces me di cuenta de que mi amigo es muy bueno y no sería así. Así que me di cuenta de que debía estar soñando. Y continué practicando yoga de los sueños.

Pregunta: Tengo una pregunta sobre un tipo de sueño recurrente que me ocurre. Se relaciona con las olas que se describen en los estados sin forma. No pocas veces, tengo sueños de espacio moviéndose a través de sí mismo, casi como campos de luz ondulante. Se siente como una especie de energía. Conocí al Karmapa hace algunos años, y a menudo, cuando tengo estos sueños, lo veo a él. A veces hay aspectos en el sueño y a veces hay una especie de estado sin forma. También suelo entrar en estos estados sin forma estando en conciencia normal. Pensándolo ahora, puedo entrar parcialmente en ello. Veo cómo esto puede ser lo que describiste como reificación. ¿Cuál es el antídoto para la reificación?

Respuesta: Como dice el dicho: "Medita, medita, no medites". La no-meditación es la meditación suprema. Cuando hay una experiencia de espacio o conciencia vastos o infinitos como esa, y surge el pensamiento: "Oh, eso es espacio" o "eso es conciencia", entonces se ha establecido una dualidad sujeto-objeto. La persona dice: "Oh, ahí está eso". Hay un observador y hay un objeto observado. Cuando tienes el equilibrio meditativo, la Mente Natural del Dzogchen, esa dualidad no está presente. Es solo una experiencia. No hay separación entre el objeto observado y el observador. Es solo una singularidad, como el sol saliendo. Siempre que surge la dualidad a partir de etiquetar un objeto por un sujeto, eso no es la meditación Dzogchen de la Mente Natural. La palabra tibetana para "recordar" también significa "atención plena" (mindfulness). La atención plena sí tiene un lugar en la meditación. Es una especie de verificación, a veces, para comprobar si estás en el camino correcto o no. A veces la atención plena puede estar presente. Por ejemplo, si pierdes el hilo de tu meditación Dzogchen, es atención plena recordarlo y devolverte a ese equilibrio. Ese tipo de atención plena tiene un lugar. Es una función útil.

Pregunta: Cuando estamos trabajando con la Mente Natural, estamos trabajando también en reconocer y dejar ir. Quiero preguntar sobre ésto. Y cuando estamos trabajando con nuestros sueños, cual es la meta en tener un sueño lúcido, en darnos cuenta de que estamos soñando. ¿Hacemos algún tipo de práctica?.

Respuesta: La primera parte de lo que has dicho, sobre reconocer y soltar, es correcta. La idea de dejar ir el aferramiento tiene un lugar ahí. Eso es realmente todo lo que hay que hacer en la meditación.

En cuanto al objeto del yoga del sueño. Si puedes estar lúcido en un sueño e idealmente, si puedes recordar la Mente Natural y meditar, entonces ésto es suficiente. No hay necesidad de hacer ninguna otra práctica. No es necesario visualizar deidades o algo similar. Esto es igual en el estado despierto. Si consigues no perder tu meditación en la Mente Natural mientras estás trabajando, paseando, etc., entonces todo se convierte en práctica. Es igual en un sueño. Si consigues recordar el estado Natural de la Mente, ésto es lo mejor. Algunos practicantes y yogis , acostumbran a usar el yoga del sueño para hacer diversas meditaciones diarias, como ir a la Tierra Pura de Dioses y Budas, pero ésto es diferente.

Pregunta: En Dzogchen, ¿Sería útil tener la capacidad de desarrollar las cuatro absorciones sin forma y las cuatro absorciones de forma que se definen principalmente en las enseñanzas Theravadas pero que también se mencionan en el Mahayana? ¿Sería útil cultivarlas en el Dzogchen si se tiene la capacidad de hacerlo?.

Respuesta: Puedo decirte que no es muy beneficioso hacer ésto en el contexto de la meditación Dzogchen. Pero puede ser útil para un principiante. Las etapas de la meditación shamata, pueden ser superadas por la combinación de shamata y vipassana. Cuando es puramente shamata, es inferior, es mundana. Las meditaciones que combinan la visión interior de vipassana son supra-mundanas, ellas van más allá. En el proceso de la meditación shamata, se alcanzan más refinados o sutiles niveles de la mente. Pero son solo mundanos. No es meditación trascendental. Dzogchen va más allá de ésto. En el proceso de la meditación shamatha, hay una ascensión a través de las esferas de la existencia de lo más burdo a lo más sutíl. Observa el nivel más bajo de la existencia, es burdo. Dzogchen es más sutíl. Por ejemplo, ver formas en la esfera de la forma y piensas, "Oh, ésto es burdo, no lo necesito", o " no lo quiero". Cuando permaneces en meditación Dzogchen, es liberación simple. Es una liberación de la forma dentro de la Mente Natural. No existe este tipo de discriminación. "Oh ésto es burdo", o "Oh, ésto no lo quiero". Yo busco este estado más refinado donde esta clase de discriminación no está presente.

Pregunta: Yo tengo algunos sueños en los que me doy cuenta de que estoy soñando. Era como ser testigo del sueño. Cuando éso ocurre ¿debo relajarme? En ese momento, ¿debo relajarme en ese espacio natural de la Mente?

Respuesta: En primer lugar, es importante reconocer que estás soñando, saber que un sueño es un sueño. Eso se llama sueño lúcido. Si puedes hacer éso, el siguiente paso, recordar la Mente Natural, es muy fácil. Si puedes mantener la fuerza de esa comprensión y realización de la Mente Natural, puedes seguir con el sueño. En realidad lo más difícil es despertar al hecho de que estás soñando. Hay muchos métodos diferentes que se pueden aplicar para lograr ese primer paso.

Pregunta: Cuando practicas el yoga del sueño, si tienes que levantarte e ir a trabajar después ¿puedes alimentarte totalmente de la experiencia sin preocuparte de no dormir porque estás meditando? ¿Puedes estar en el estado Natural de la Mente y al mismo tiempo levantarte y hacer tu vida diaria, y no preocuparte porque no has dormido ya que estabas toda la noche soñando en la Mente Natural?

Respuesta: ¡Si tú estás meditando en la Mente Natural, descansarás incluso mejor que si simplemente estás durmiendo! Puedes hacer ambas cosas. Tu puedes descansar plenamente mientras duermes y meditar al tiempo en el estado Natural de la Mente. Tú puedes poner esa intención, de que quieres meditar en la Mente Natural, antes de ir a dormir. Si tu motivación es prioritaria al ir a dormir, ésto puede permitirte ser capaz de entrar en meditación mientras estas durmiendo. Cuando despiertes, puedes continuar con la meditación ininterrumpidamente. Date cuenta y mantén el continuo estado de meditación desde el sueño al estado de vigilia. Debes desarrollar al máximo una fuerte familiaridad con la meditación para que ésto ocurra. Lo que quiero decir el que "no hay diferencia entre el día y la noche". Este es el significado de este tipo de meditación.

Pregunta: ¿Qué papel juega aquí la devoción y las bendiciones?
Respuesta: Una señal de que hay devoción y de que estás recibiendo bendiciones, es el hecho de que al reconocer la Mente Natural y seguir practicando, sientes que te está ayudando a disolver dificultades y sufrimiento. Este es un signo de que estás recibiendo bendiciones. Es necesario tener reverencia hacia las enseñanzas mismas. Nosotros hablamos de una devoción y reverencia temporal y de una reverencia y devoción última. La temporal es cuando la práctica te ayuda a disolver o aliviar, problemas de la vida diaria. La última, sucede en el momento de la migración a través del bardo y hacia futuras vidas. Hay muchos tipos de enseñanzas, tales como los nueve vehículos para seres humanos con diferentes facultades y capacidades. Nueve es una descripción aproximada de muchos niveles diferentes.

El linaje de las enseñanzas Dzogchen, se remonta a Samantahadra. Satrig Ersang, la Gran Madre de la Perfección de la sabiduría, es también la fuente en la revelación de si misma, ella emana en varias formas, como la inicial dakini del linaje que llega hasta nosotros. En el siglo VIII, llegó hasta nosotros como la reina tibetana Choza Bonmo, y en el siglo XI volvió de nuevo a través de este estrecho linaje. Hay mucho que decir a cerca de este largo linaje.

Pregunta: en algunas tradiciones, se enseña que en el proceso del Bardo, puede haber muchos sonidos y visiones perturbadoras. Por ésto, a la gente se le enseña a apoyarse en algunos soportes como por ejemplo, visualizar una deidad iracunda. Pero en esta tradición, no usamos nada de esto, solo nos limitamos a descansar en la perfección de la Mente Natural. Nosotros continuamente traemos todo al estado Natural de la Mente. ¿Podemos atravesar el bardo sin perder la Mente Natural?

Respuesta: Si. Es similar a los sueños, donde algunas veces puedes tener pesadillas. Así que todo se reduce a lo que decimos en la oración: "Por favor, bendíceme con la comprensión de que todas las apariencias son una forma de la Mente Natural misma". Del mismo modo, nuestro cuerpo está vacío de forma. Es un tipo de práctica que puede ser aplicada en los sueños y en el bardo también. Comprender que el cuerpo es una forma vacía y usarlo como tal. Entonces no encontrarás problemas.

Pregunta: Has dicho algo en tu charla que ha llamado mi atención. Si mezclas dutsi con veneno (dutsi: energía clarificadora, elixir, negatividád que actúa como fuerza de cambio), mi mente piensa que el dutsi podría reducir los efectos del veneno, ya que el dutsi es muy poderoso. Pero yo creo que dijiste que el veneno podría reducir los efectos del dutsi. ¿Es esto correcto?

Respuesta: Tú estás hablando de los problemas que surgen cuando se contamina la instrucción. Realmente hemos creado una tremenda cantidad de energía positiva maravillosa al prestar atención a este tema, comprendiendo la Mente Natural en nuestra práctica y discutiendo estas cosas. Necesitamos dedicar esta energía positiva, no solo para nuestro beneficio si no que par que todos los seres sintientes, puedan conocer estas instrucciones y liberarse del sufrimiento. Podemos también dedicar los méritos para la pacificación de los problemas del entorno, a la paz mundial, y sobre todo a la liberación de perturbaciones de los elementos en nuestra zona.

Además, también se puede recordar cualquier desafío o problema personal con el que se estén enfrentando familiares, amigos y compañeros, y hacer una dedicación especifica junto con la dedicación general. Puedes también recordar a aquellos que se han ido, y dedicar energía para su bienestar y para que tengan buen viaje.

Mujeres Santas de Gran Perfección

Treinta signos y significados de la Naturaleza Ultima en la Antigua Tradición Tibetana

Desde el Blanco Cielo, Esencia Primordial de la Mente.
Clarificando los extremos.
Ciclo de Instrucciones Esenciales de los
Linajes Masculino y Femenino.

¡Homenaje a la Dakini Principal de los Cinco Conjuntos de Dakinis!

La Gran Madre Satrig Ersang emanó a una hermosa samaya-dakini, Dzema Yiwongma, quien enseñó estas benditas instrucciones del linaje femenino a las diosas (walmo) y a las dakinis. Todas las del linaje femenino quedaron satisfechas y libres de dudas. La samaya-dakini Dzema Yiwongma extrajo del espacio las instrucciones escritas con tinta de lapislázuli sobre planchas de cobre, las bendijo y se las entregó. La dakini india Ulishag las tradujo al sánscrito. El significado se presenta en dos aspectos: Demostración directa de los signos no verbales. Explicación verbal de todos los significados como estando incluidos dentro de la Mente Natural.

La samaya-dakini Dzema Yiwongma dio a la dakini india la indicación simbólica número 1: una cuerda de luz en el espacio.

Significado 1: Este bodhicitta-dharmakaya primordialmente existente carece de los cinco agregados; está más allá del florecer y el decaer, del nacimiento y la muerte, de la unión y la separación; no puede ser matado ni destruido. Toda la existencia está incluida dentro de la Mente Natural, que primordialmente permanece en el dharmakaya. Desde el linaje de transmisión mental de los vidyadharas, fue luego transmitido a las deidades mundanas.
Así habló.

La dakini india Ulishag reveló a la Diosa Dakini Namkha Ökyi Gyelmo el signo número 2: palmas estallando en el espacio.

Significado 2: Porque es, en última instancia, interminable dentro del estandarte de victoria no declinante de la BodhicittaMenteNatural, el Dharmakaya está sin aumento ni disminución; es inmutable; es el gran yungdrung indestructible de los tres tiempos, un estandarte de victoria primordial que no abandona la base raíz de samsara y nirvana.
Así habló.

La Diosa Dakini Namkha Ökyi Gyelmo reveló a la Dakini Salwa Yingchug Ma de Razhag el signo número 3: su cuerpo erguido en el espacio.

Significado 3: La característica definitoria de la Mente Natural es estar primordialmente iluminada. Esa BodhicittaYungDrung está más allá del pensamiento, de las causas y condiciones. Dejando cuerpo y mente sin alterar, elévate en el único Dharmakaya, libre de los extremos de apariencia y vacuidad; el cuerpo primordialmente autosurgido.
Así habló.

La Dakini Salwa Yingchug Ma de Razhag reveló a la Dakini Ökyi Lama de Zhangzhung el signo número 4: tirando de la nuca con los dedos de su mano derecha.

Significado 4: Primordialmente no oscurecida, la Mente Natural es vacía y clara. Al mirar la mente a la mente, los objetos que aparecen se agotan. Entonces, permanece en un estado más allá de los objetos observados, sin nada que ver. Este es el espacio vacío de la mente; los objetos de meditación se liberan dentro de la conciencia prístina.
Así habló.

La Dakini Ökyi Lama de Zhangzhung mostró a la dama de la familia Dong, Dakini Kharmokyong, el signo número 5: la detención automática del pensamiento.

Significado 5: El espacio es un ejemplo de la Mente Natural. El significado ejemplificado es estar primordialmente despierto. Vacuidad y claridad, conciencia pura no condicionada, impregnan todo desde el centro hasta los bordes. El Dharmakaya es vacío, más allá de objetos inherentemente existentes. Permanece, integrándote con la conciencia pura, sobre la base de cualquier cosa que aparezca.
Así habló.

La dama Dong, Dakini Kharmokyong, mostró a la Dakini Mangje Salgyeö de Persia el signo número 6: luz en el espacio.

Significado 6: Cuando examinamos la Mente Natural, todo lo que aparece es primordialmente puro. Como las apariencias naturales se liberan, este es el dharmakaya no dual. Toda la existencia es liberada, no rechazada; este es el despertar supremo. Todo lo que ocurre en las apariencias es manifestación de la Conciencia Pura.
Así habló.

Dakini Mang-je Salgye-o de Persia, mostró a la Dakini de baja casta Dutsi-Kyong de Udddiyana el signo número 7: Sus brazos abrazando sus muslos.

Significado 7: En el espacio de la Mente Natural, primordialmente vacío, todo penetrante, surgen sus manifestaciones: mudras, mandalas, formas y colores. Nunca se mueven fuera de la naturaleza última de la mente. No moverse fuera de la verdadera naturaleza de la mente, es el sello de la Mente Natural.
Así habló.

La Dakini Dutsikyong de Uddiyana mostró a la Dakini india Thuchen de Phamting el signo número 8: moviéndose hacia abajo y presionando con la mano.

Significado 8: Como la Mente Natural no es un objeto, el Dharmakaya está más allá del esfuerzo. No tiene color, forma ni dimensiones. Puesto que primordialmente está más allá de la producción y la disolución, nada puede destruirlo. Permanece en la amplitud sin objeto, vacía y que todo lo impregna.
Así habló.

La Dakini india Thuchen de Phamting mostró a la Dakini china Selwa Ödrön el signo número 9: transferencia de la conciencia a una Deidad iracunda.

Significado 9: Como la existencia es el resplandor de la luminosidad pura que supera con creces al sol y la luna, morar en la luminosidad omnipresente disipa la oscuridad de la ignorancia. Puesto que es primordialmente iluminada, el samsara es completamente desarraigado. Como sus cualidades anteriores y posteriores no son diferentes, los tres tiempos son de una sola naturaleza.
Así habló.

La Dakini china Selwa Ödrön mostró a la Dakini Drimé Dangden Ma de Yorpo el signo número 10: transferencia de la conciencia a la luzclara base, la Mente Natural.

Significado 10: La Mente Natural es la naturaleza del gran néctar. Como disfruta de todo, interior y exteriormente, todo lo que aparece es néctar. Como sella todo lo que aparece, la Mente Natural es el supremo de los néctares. Como impregna el espacio inconmensurable, el Dharmakaya es néctar.
Así habló.

La Dakini Drimé Dangden Ma de Yorpo mostró a la Dakini de la familia Cho, Ökyi Dzutrul Tön, el signo número 11: mano derecha levantando la rodilla derecha.

Significado 11: La Mente Natural es como el espacio; es primordialmente vacía, carente de yo y omnipresente. La Mente Natural es como un loto; está libre de los extremos de bueno y malo, tanto por fuera como por dentro. La Mente Natural es como un tesoro de joyas; todo lo que se desea o necesita surge de ella. La Mente Natural es como un arcoíris; es el Dharmakaya de la apariencia y la vacuidad no duales.
Así habló.

La Dakini de la familia Cho, Ökyi Dzutrul Tön, mostró a la Dakini Dzutrul Natsog Tön de Drusha el signo número 12: seis ruedas de luz.

Significado 12: La Mente Natural carece de existencia inherente y está libre del extremo de la permanencia. Como nunca está ausente, está libre del extremo del nihilismo. No se aferra a los seis objetos de la conciencia y está libre del aferramiento al yo. Está más allá del color y de las direcciones, libre de todo aferramiento a la existencia inherente.
Así habló.

La Dakini Dzutrul Natsog Tön de Drusha mostró a la Dakini Lunggyen Nangwa Datön Ma el signo número 13: una unión de luces de método y sabiduría.

Significado 13: Dentro de la Gran Permanencia de la ausencia de encuentro y separación, liberación y engaño, se establece espontáneamente el Gran Nihilismo libre de aferramiento al yo. Como la existencia está autosellada, es el Gran SíMismo. Como la existencia es la verdadera naturaleza que aparece, es el Gran Aferramiento de la Realidad.
Así habló.

La Dakini Lunggyen Nangwa Datön Ma mostró a la Dakini Togbeb Ma de ascendencia Menyag el signo número 14: en cuclillas como un perro o un león, mirando al espacio.

Significado 14: Sin rechazar las apariencias de luz, se las reconoce como manifestaciones de la Conciencia Pura. Cualquier concepción de aferramiento que surja es el campo de juego de la Conciencia Pura. Sin pensar en lo que aparece, ese es el lugar de liberación de la Conciencia Pura. Primordialmente no pensar en nada es la Liberación resultante.
Así habló.

La Dakini Togbeb Ma de ascendencia (tibetana) Menyag mostró a la Dakini Namkha Cham de Uddiyana el signo número 15: invitar la luz desde la esfera de la Conciencia.

Significado 15: La Mente Natural está más allá de los objetos aprehendidos. Sin permanecer en percepciones, impregna toda la existencia. Como, en última instancia, no hay nombres, no existe un nombre para la sabiduría. Como no puede mostrarse de manera convencional y está libre de producción y disolución, es como el indestructible diamante YungDrung.
Así habló.

La Dakini Namkha Cham de Uddiyana mostró a la Dakíni Shiwer Ötang Ma el signo número 16: reuniendo cinco gotas.

Significado 16: La mente de la Conciencia Pura no puede revelarse como "Esto es". No hay nada que pueda medir o simbolizar la Mente YungDrung. La Mente Natural está primordialmente libre de reunión y dispersión. Me inclino ante el Dharmakaya en el que las apariencias se autoliberan.
Así habló.

La Dakini Shiwer Ötang Ma mostró a la Dakini cachemir Gyanden Ma el signo número 17: presionando el cuerpo con diez dedos.

Significado 17: Como la Mente Natural YungDrung se extiende por todas partes, desde el centro hasta los bordes más externos, es el gran espacio. Como es, en última instancia, inmutable, es el gran espacio indestructible. Como está libre de artificios de aceptación y rechazo, es el gran espacio inimaginable. Como nunca se agota por mucho que se use, es el gran espacio muy precioso.
Así habló.

La Dakini cachemir Gyanden Ma mostró a la Dakini Gyer Dragchen Tsal el signo número 18: tirando directamente con equilibrio meditativo.

Significado 18: Como la Mente Natural, espacio sin dirección, nunca ha rechazado nada, las ilusiones y el karma, como nubes y neblina, surgen y se disuelven. Todo lo que es aprehendido dentro de la Conciencia Pura nunca pasa fuera de la Mente Natural. Toda la existencia aparece y se libera dentro de la Mente Natural. Como lo positivo y lo negativo no están diferenciados, no hay división en la Mente Natural. Como

nunca se aclara ni se oscurece, está abierta de par en par día y noche.
Así habló.

La Dakini Gyer Dragchen Tsal mostró a la Dakini Namkha Nyima Öden Ma el signo número 19: presionando las palmas contra la cintura a cada lado.

Significado 19: Como la Mente Natural es inconmensurable, es primordialmente carente de tamaño. Como el Dharmakaya existe de manera espontánea, la discriminación entre bueno y malo se autolibera. Como las faltas son destruidas desde la base, las buenas cualidades están naturalmente completas. Como el Rey de la Conciencia es realizado, las ilusiones ya están aniquiladas.
Así habló.

La Dakini Namkha Nyima Öden Ma mostró a la Dakini Nyima TongKyab Ma el signo número 20: el signo de un corazón, como tres espejos mágicos.

Significado 20: Como el espacio es ilimitado, no lo ates con aferramiento dualista. Si no puedes permanecer sin reaccionar ante las apariencias dualistas, el sol de la sabiduría se pondrá. Si el pensamiento no surge como Mente Natural, intentarás escalar los senderos y etapas, pero la sabiduría desaparecerá. Si no haces amistad con el demonio de las emociones negativas, tu camino de práctica se volverá intransitable.
Así habló.

La Dakini Nyima TongKyab Ma mostró a la Dakini Maha Sukasiddhi el signo número 21: el signo del propio resplandor de la Conciencia Pura; presionando hacia abajo el cuerpo.

Significado 21: Si no sostienes el significado con confianza, la hija del esfuerzo se desbocará. Si no aceptas la protección del guardián de la visión, el ser querido —tu propia mente— será destruido como un enemigo. Si no colocas al centinela de la meditación, ser conocido como un gran yogui carecerá de sentido. Si no domas al elefante salvaje de la conducta, tu visión se convertirá en la de una persona ordinaria.
Así habló.

La Dakini Maha Sukasiddhi mostró a la Dakini de la familia Cho, Bonchig, el signo número 22: el signo del significado claro, manos unidas.

Significado 22: Como la Mente Natural no tiene pasado ni futuro, está conectada con todos los Budas de los tres tiempos. Como la Mente Natural incluye compasión inconmensurable, está conectada con todos los seres sintientes. Al realizar que es el lugar de todo surgir, permanecer y disolverse, está conectada con todos los caminos y resultados. Como la vacuidad y las apariencias están liberadas en la Conciencia Pura, el fruto se alcanza sin esfuerzo.
Así habló.

La Dakini de la familia Cho, Bonchig, mostró el signo número 23: recogiendo la esencia vital de los Gurús.

Significado 23: Como no nace de causas y condiciones, no hay base para una producción original. Como permanece en el gran desconocido, en el medio no hay lugar de permanencia. Como el Dharmakaya es inmutable, no hay forma de que termine. Como la existencia está liberada en la esfera última de la Conciencia Pura, no hay tres Cuerpos resultantes que se busquen alcanzar.
Así habló.

Signo número 24: la Transferencia Mental de la AH Blanca.

Significado 24: En la Sabiduría Autooriginada no hay dependencia de senderos ni etapas que deban alcanzarse. Como no depende de causa y efecto, es un resplandor que impregna el espacio. No es interrumpida por condiciones ni destruida por antídotos. Como la Conciencia Pura se autolibera, el resultado está libre de producción y destrucción.
Así habló.

Signo número 25: Guru Yoga en la coronilla.

Significado 25: Esta Conciencia de Sabiduría autooriginada nunca ha sido producida ni destruida por causas y condiciones. No hay enumeración de senderos, etapas ni resultados. Está libre de ser objeto de los diecisiete conceptos.
Así habló.

Signo número 26: seis ruedas autoclaras que giran.

Significado 26: Como un rayo de conciencia surge desde la vacuidad, las causas de la realización se autoliberan. Como surge un rayo de conciencia que trasciende causa y efecto, los senderos secuenciales (vehículosyana) se autoliberan. Como surge un rayo de conciencia que trasciende lo defectuoso, el aferramiento se autolibera. Como surge un rayo de conciencia de vacuidad y apariencias, el fabricador se autolibera.
Así habló.

Signo número 27: señalando la Mente Natural con un espejo iluminador.

Significado 27: La Mente Natural es no nacida, más allá de la vía de las palabras, ya sea expresada de forma simple o elaborada; y más allá de las cuatro convencionalidades dualistas: existir, ver,

aparecer o ser la realidad aceptada convencionalmente. Esta es la perspectiva del Dzogchen.
Así habló.

Signo número 28: ofreciendo el cuerpo en un banquete (tsogganachakra).

Significado 28: Autoliberada, la Mente Natural es la esencia del significado de la Vacuidad. Las visiones que afirman la singularidad (partidismo) o la multiplicidad son un escollo. Más allá de toda esperanza y temor, más allá del esfuerzo, la Mente Natural es un vasto receptáculo de gran dicha.
Así habló.

Signo número 29: el mudra del león liberado.

Significado 29: Como la Conciencia es completamente pura, ni siquiera el nombre "samsara" existe. Sin abandonar los cinco agregados, la iluminación está primordialmente alcanzada. Todos los ornamentos que iluminan la Mente Natural están completos. La ecuanimidad de Samantabhadra no cae en el partidismo.
Así habló.

Signo número 30: el signo de estar protegido por el mandato del Señor.

Significado 30: Aquellos que no permanecen en esto, que carecen de la fortuna para ello, son como alguien que quiere yogur intentando ordeñar un cuerno, o como un perro intentando lamer el espacio. Este es un lugar de raksha —caníbales— donde el brillo de los elementos se ha desvanecido. Al mezclar néctar con veneno, acortas la vida de los seres vivos. Al confundir visión, meditación, conducta y fruto, entras en un pozo de oscuridad. La degeneración del samaya hará que la sangre del corazón brote de tu boca.

Así habló.

Samayapata

Fin

Soy el erudito Drenpa Namkha.

Este linaje femenino que concede alivio, fué escrito con tinta lapislázuli sobre láminas de cobre.

Estos signos del linaje fueron transmitidos por una sucesión de Dakinis Mahasiddhas.

Para que los seres afortunados alcanzaran la Liberación. Se confió a los discípulos de las generaciones futuras.

Los reyes y ministros necios convirtieron el Bon en Dharma. La lámpara de las enseñanzas Bon se ocultó bajo tierra.

Esta transmisión mental, que es como el oro, no se escondió bajo tierra sino que la guardé en mi mente.

Esta ha sido transmitida de corazón a corazón a los afortunados.

Es la esencia de las enseñanzas, no común a todos.

Si no la guardas de aquellos con samaya degenerado, tu vida se acortará.

Así dijo.

Sellado-Sellado-Sellado
Sellado-Sellado-Sellado
Sellado-Sellado-Sellado
Está sellado con nueve sellos.

Estos "treinta signos del linaje femenino",
 son la gota que colma el corazón de Je Ritropa.

Fueron transmitidos a Tulku Lung-ton Lha-nyen.
Él lo transmitió a Lung-gom Korlo Gyalpo.

E THI

Meditación Adicional

Relaja tu cuerpo y tu mente. Suelta y libera tu mente sin ningún movimiento. Como si tuvieras nudos atados en una cuerda, desátalos; esos nudos son cualquier forma de aferramiento. Relájate sin pensar en contener o detener los pensamientos.

Si surge un pensamiento, no te ocupes de él. Es como si las nubes que se forman se disolvieran en el espacio. Permanece en esa continuidad, en la conciencia que manifiesta las apariencias. Dentro de la experiencia, puede que el aspecto de vacuidad o el aspecto de apariencia sea más evidente. No hace diferencia.

Esto es lo que hacemos. Así es como meditamos: en silencio. Incluso si surgen pensamientos o apariencias perturbadoras, podremos sostener la meditación. Queremos ser capaces de traer esta conciencia a la mente durante el transcurso de nuestra vida, ya sea conduciendo, trabajando, cocinando o en cualquier actividad. Con el tiempo, podrás sostener tu conciencia todo el tiempo.

No importa lo que surja en tu mente, sea bueno o malo. Simplemente lo observamos y nos asentamos en el Estado Natural. Siéntate cómodamente en la postura habitual de meditación. Como se dice: "medita, medita, no medites. Asienta, asienta, no asientes. Asienta sin asentar". También se dice: "deambula, deambula, no deambules". Esta atención a lo que sea que surja nos lleva al Estado Natural. En última instancia, necesitamos la nodistracción, así que nos asentamos en la nodistracción. Esto es lo que llamamos meditación. No hay meditación más allá o superior a esta. No es necesaria más explicación.

Guru Yoga – Khandro Choza Bonmo

Visualiza a la Diosa Dorada sentada, con un tamaño que te resulte cómodo, en el espacio frente a ti. Imagina rayos de luz emanando de su corazón y alcanzándonos, primero con la naturaleza de fuego de sabiduría, que quema todas las obstrucciones de nuestra mente, todas las huellas kármicas y, en especial, cualquier obstáculo para comprender las enseñanzas. Luego, con la naturaleza de agua de sabiduría, que lava esas mismas obstrucciones. Después, una tercera vez, rayos de luz con la naturaleza de viento de sabiduría soplan y disipan todos esos velos y obstáculos para realizar las instrucciones.

Desde la coronilla de la Gran Esfera Madre surge una Ah blanca que se disuelve en nuestra coronilla, otorgándonos todas las cualidades del cuerpo iluminado; desde su garganta surge un Om rojo que se disuelve en nuestra garganta, otorgándonos todas las cualidades del habla iluminada; y desde su corazón surge un Hung azul que se disuelve en nuestro corazón, otorgándonos todas las cualidades de la mente iluminada. Así quedamos investidos con todas las cualidades de cuerpo, habla y mente de la Budeidad.

Ahora meditamos como antes, enfocándonos en el Bonku, el Dharmakaya, dentro de nosotros mismos. Relaja el cuerpo y la mente. Mantén la columna erguida para favorecer el flujo de energía en los canales y equilibrar la energía que circula en ellos. Esto ayuda a que la mente se relaje y podamos descansar en la Mente Natural.

Mientras reposas en la Mente Natural, inevitablemente surgirán pensamientos. No les prestes atención especial, no te intereses por su contenido, no los sigas ni los detengas. Deja que la mente permanezca completamente relajada. Permite que todo aferramiento se disuelva. No prestes atención a ningún objeto. Puede que surja una experiencia de equilibrio meditativo, como el espacio; si ocurre, descansa en ella. Como cuando miramos con los ojos y la luz clara amanece en nosotros, permanece en esa experiencia sin fabricar ni alterar nada. Descansa continuamente en la inseparabilidad de vacuidad y luminosidad, sin pensar "es vacío" o "es luminoso". Cultiva la experiencia y mantén su continuidad. Si surge un pensamiento y la mente lo sigue, simplemente reconoce que ha ocurrido y regresa a la absorción anterior.

Nota: cada día, cuando tengas tiempo, medita.

Uno de los discípulos del Maestro Drenpa Namkha le pidió: "Por favor, dame una sola frase para alcanzar la iluminación". Drenpa Namkha respondió: "Todos los fenómenos carecen de base. Reconócelo y alcanzarás la iluminación". Comprende y enfócate en eso. Esta es la meditación que estamos haciendo aquí. Si reconoces la Mente Natural, te enfocas en ella y meditas en ella, no hay nada que quede fuera de eso. Todo tu mundo está incluido en ello.

Puede parecer que hay una sola tierra, un solo mundo, pero en realidad el mundo es individual para cada uno de nosotros. Ese mundo existe en relación con nosotros individualmente. Hay en verdad, tantos mundos como seres. Cuando nacemos, el mundo que experimentamos entra en existencia, y cuando morimos, ese mundo de nuestra experiencia desaparece. El mundo general no se desintegra ni desaparece. Este es el significado de "todas las apariencias y la existencia surgen de la Mente Natural, permanecen en la Mente Natural y se disuelven de nuevo en la Mente Natural". La Mente Natural es lo que llamamos la Gran Esfera Madre. Este linaje de las enseñanzas de las Dakinis Dzogchen está profundamente relacionado con este tema. Todos los fenómenos surgen, permanecen y se disuelven dentro de la Gran Madre. Todas estas Dakinis de las que hablamos ya han alcanzado la iluminación sobre esta base.

Geshe Dangsong Namgyal

El director espiritual de Kunsang Gar, Geshe Dangsong Namgyal, es maestro budista, erudito, autor y maestro de meditación. Como maestro Rimé, abraza todas las tradiciones y escuelas del Bön y del Budismo Tibetano.

Nacido en la región de Kham, en el Tíbet, recibió la cultura espiritual básica del Bön, así como formación preliminar en Tantra, rituales y Dzogchen de su padre, sus tíos, el yogui Dzogchen Uri Lama Tsultrim Gyaltsen, Togdhen Sherab y Togdhen Sherab Phuntsok. A los quince años ingresó en el

monasterio Lungkar, donde estudió meditación) *drub dra* (con Khenpo Nyima Lodo y Lopon Tsultrim Namdag.

En 1991 cruzó las montañas del Himalaya para continuar sus estudios en el *shedra* del monasterio Menri, en la India. En 1995, Geshe asistió al monasterio Sera Jey, en el sur de la India, y recibió enseñanzas de muchos grandes maestros. Completó un curso de diez años en lógica y epistemología budista, Madhyamaka, *sutrayana* (Prajnaparamita) y las etapas del camino hacia el estado de budeidad.

En 2005 asistió al monasterio Bön Triten Norbutse, en Nepal, donde estudió con Lopon Tenzin Namdag. Sus estudios incluyeron filosofía Bön, Madhyamaka, Prajnaparamita, Vinaya, Abhidharma, Tantra secreto y Dzogchen. En 2011 recibió el grado de Geshe.

Ha participado en numerosas conferencias internacionales y ha escrito más de veinte libros en tibetano e inglés. Su primer libro en inglés, *Pure Dzogchen*, ha sido apreciado por muchas personas y traducido a varios idiomas.

Geshe llegó a California, Estados Unidos, en 2013 y desde entonces, ha ofrecido de manera continua enseñanzas espirituales y culturales tibetanas no sectarias a los interesados en Occidente. Desde que se estableció la organización sin fines de lucro Kunsang Gar en 2016, en California, Geshe ha expandido sus enseñanzas en Estados Unidos, Europa, América Latina y Asia.

Como investigador de la antigua historia, cultura y religión tibetanas, ha participado en numerosas conferencias y seminarios en todo el mundo, ha escrito muchos libos en tibetano y está traduciendo e introduciendo antiguas enseñanzas de sabiduría que no habían sido presentadas hasta ahora a los occidentales.

Agradecimientos

Quisiera expresar mi más profundo agradecimiento a los grandes yoguis Dzogchen Lama Rinchen Lodo y Lopon Dangsong Lodo, que buscaron textos antiguos para los signos y mudras de las Dakinis como preparación para los dibujos sagrados que han sido creados por Norbu Lhundrub.

Gratitúd a todos aquellos que tradujeron, transcribieron, revisaron, editaron y contribuyeron con sus esfuerzos a la producción de este libro. En particular, me gustaría expresar mi más sincera gratitud al traductor David Molk y a todos mis estudiantes de dharma, especialmente a Hal Blacker, Gale Petti, Kate Hitt y Antoinette Bauer-Smederg.

También me gustaría expresar mi agradecimiento a los miembros de la junta de Kunsang Gar y a la Sangha por su continuo apoyo y participación en muchas de las grandes actividades de Dharma de las que ha surgido este libro.